KB231400

한자원리해법
(漢字原理解法)

金 徹 泳 엮음

자유문고

머 리 말

21세기는 생각이 생각을 낳는 사고(思考)의 시대가 열리고 이러한 시대가 열리면 세계도 새로운 사고(思考)에 의해 지배되는 시대가 도래(到來)한다.

이러한 21세기를 대처하기 위해서는 인간이 사고하는데 많은 도움을 주는 한자를 배워야 하고 또 그것을 필요로 하고 있다.

한자(漢字)란 우주(宇宙)의 섭리(攝理)와 자연의 변화무쌍(變化無雙)한 것과 인간사의 오묘한 것들이 모두 그 속에 함축되어 있어 앞서가는 사고를 필요로 하는 21세기에서는 필수 불가결한 문자로 활용되는 것은 물론이고 한자를 학습하지 않고서는 우리 선조들의 문화도 계승 발전시킬 수 없을 것이다.

우리의 말은 70% 정도가 한자어(漢字語)로 형성(形成)되어 있으므로 우리의 문화와 우리의 역사를 잇기 위해서는 한자의 교육이 필요한 것이며 또 배워야 한다.

단순히 한자는 중국의 문자만은 아니다. 오직 우리들의 선조들이 대대로 써내려온 민족 고유의 글자이다. 그러므로 한자는 어느 글자보다도 체계적이며 많은 의미가 숨어있는 아름다운 글자이다.

이러한 글자를 기본적으로 체계있게 가르치지 않고 또 배우지 못한 관계로 한자가 기본적으로 쉽고 재미있다는 것을 터득할 수 없었을 뿐만 아니라 쉽고 재미있는 글자라는 것도 알지 못하게 되었다.

필자는 이러한 현실을 깨닫고 배우는 사람들이 어떻게 하면 한자의 기본원리를 쉽게 깨달을 수 있을까? 또 어떻게 하면 배우는 데에도 재미 있어하며 빠른 시간 안에 깨달아 알 수 있을까? 이러한 것들을 고려하여 한자를 가르친다면 배우는 사람은 흥이 나고 취미도 저절로 붙어 날이 거듭하고 해가 지날수록 일취월장(日就月將), 실력이 쑥쑥 자라게 될 것이라 믿고 그 방법으로 이 저서를 펴내게 되었다.

이 저서의 내용이 얇고 보잘것없는 것 같으나 그 많은 한자를 이해하고 원리를 터득하는데 지름길이 됨은 물론이고, 또 배우는 학생들도 흥이 절로 날 것이라는데 더 이상의 설명이 필요없다고 자부(自負)하고 싶다.

독자 여러분들이 이 『한자원리해법』을 통하여 한자를 익히는데 큰 도움이 되기를 바라마지 않는다.

1997. 8. 25 밀양 덕동 송암재(松庵齋)에서

김 철 영

차 례

1. 한자 공부 방법

한자는 다음과 같은 방법으로 글자를 나누어〔破字〕이해하면 좀 더 쉽게 익힐 수 있다.

〔보기〕   廳

   ① 뜻 : 관청(청)
   ② 음 : 청
   ③ 전서(한자어 본래의 모습) : 廳
   ④ 부수 : 广(바위집 엄)
   ⑤ 자원 : 广(집 엄)과 聽(들을 청)으로 구성되어 백성의 소리를 듣는 집을 뜻하였다.

聽(들을 청)
耳(귀 이)와 王(착할 청)과 悳(=惪 : 큰 덕)으로 구성되어 있다. 王은 음을 나타내고 耳는 부수를 나타낸다.

惪(悳)(큰 덕)
〔悳은 德의 古字이다.〕
直(바를 직)과 心(마음 심)으로 구성되어 있다. 마음을 바로 먹는다는 뜻.

　그러므로 廳(관청 청)을 파자(破字)해 해석하여 보면 마음〔心〕을 바로 가지고〔直〕 곧게〔王〕 듣는〔耳〕 관청〔广〕을 뜻한 글자임을 알 수 있다.

※ 부수(部首) : 공통적으로 들어간 자획(字畫).
　파자(破字) : 글자를 분해하여 풀이하는 법(法).
　자원(字原) : 글자가 만들어진 원리.
　전서(篆書) : 현재 쓰고 있는 한자의 본래 글자(고대 글자의 한 종류).

2. 한자(漢字)의 특성

가. 한자의 삼요소(三要素)

한자는 글자마다 뜻을 가진 뜻 글자, 즉 표의문자(表意文字)로서 모양[形] 소리[音] 뜻[義]의 세 요소로 구성되어 있다. 이를 '한자의 삼요소(三要素)'라고 하는데, 한자를 익힐 때에는 이 세 가지 요소를 익혀야 한다.

모양(形)	소리(音)	뜻(義)
食	식	먹다

나. 한자의 구성원리 ― 육서(六書)

한자의 기원은 모양을 본떠서 만든 상형문자(象形文字)이다. 그러나 상형문자만 가지고는 표현이 한정될 수밖에 없다. 따라서 더 많은 글자가 필요하게 됨에 따라 일정한 방식에 의하여 한자를 결합해 만들어 쓰게 되었다.

한(漢)나라 때 허신(許愼)이라는 사람은 그의 저서 『설문해자(說文解字)』에서 약 9,000여 글자를 구성요소의 결합에 따라 여섯 가지 종류로 설명하였다. 이를 '육서(六書)'라고 한다.

① 象形(상형) : 물체의 모양을 본떠서 글자를 만드는 방법.

　　예) ⛰ (山), 🌧 (雨)

② 指事(지사) : 상형할 수 없는 것을 부호나 도형으로 뜻을 지시하여 만드는 방법.

　　예) ˙(上), ˍ(下)

③ 會意(회의) : 이미 뜻을 가지고 있는 글자를 둘 이상 합하여
새로운 뜻의 글자를 만드는 방법.

예) 日과 月이 결합하여(해와 달은 밝으므로)

明(밝을 명)이 되었다.

④ 形聲(형성) : 이미 만들어진 글자를 결합하는 것은 회의(會意)
와 같으나 다른 점은 음(音)을 나타내는 글자가 꼭 들어있다는
점이다(뜻＋음). 모든 한자 가운데 약 70% 정도가 형성(形聲)
의 원리(原理)로 만들어졌다고 한다.

예) 淸(물맑다, 청) : 水(뜻)＋靑(음), 霜(서리, 상) : 雨(뜻)＋相(음)

⑤ 轉注(전주) : 글자의 본래의 뜻을 유추하여 다른 의미로 전용
하는 방법.

예) 度 : '법도 도'에서 '헤아릴 탁'으로도 쓰인다.

⑥ 假借(가차) : 글자의 뜻과는 관계없이 음이 같거나 모양이 비
슷한 글자를 빌어다 쓰는 방법.

예) 亞細亞(Asia), 弗($)

3. 부수(部首)와 한자학습(漢字學習)

가. 부수(部首)란 무엇인가

한문 자전(字典)에서 글자를 찾는데 편리하도록 분류하여 나타낸
자획(字畫)의 공통부분을 부수라고 한다.

현재 쓰이고 있는 부수자는 214자이다.

모든 한자는 214자 속에 정리되어 있다.

한글처럼 자음과 모음의 기본글자가 모든 글자를 구성하듯이 한
자에서는 부수글자가 기본이 되어 글자를 구성하고 있다.

그리고 부수글자는 그 글자의 뜻을 나타내므로 부수를 찾아내면 글자의 뜻을 파악할 수 있어 한자학습의 핵심이라 할 수 있다.

나. 부수(部首)의 위치(位置)

① 邊(변) : 부수가 글자의 왼쪽에 위치한 경우.

　예) 信 : 亻(부수)이 글자의 왼쪽.

② 傍(방) : 부수가 글자의 오른쪽에 위치한 경우.

　예) 相 : 目(부수)이 글자의 오른쪽.

③ 머리 : 부수가 글자의 위에 위치한 경우.

　예) 花 : ⾋(부수)가 글자의 위.

④ 엄 : 부수가 글자의 위에서부터 왼쪽으로 감싼 경우.

　예) 病 : 疒(부수), 庭 : 广(부수).

⑤ 받침 : 부수가 글자의 왼쪽에서 오른쪽 밑으로 향한 경우.

　예) 起 : 走(부수), 近 : 辶(부수).

⑥ 발 : 부수가 글자의 밑에서 받치고 있는 경우.

　예) 兄 : 儿(부수)

⑦ 몸 : 부수가 글자를 밖에서 에워싸고 있는 경우.

　예) 國 : 囗(부수), 街 : 行(부수).

다. 본강(本講)

〈부수〉에 따른 한자학습

다음에는 214자(字)의 변(邊)을 나열하여 한자(漢字)의 기본을 습득하는 요령을 부수의 순서를 따라 차례대로 알아본다.

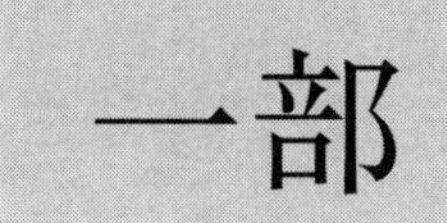

一部 한 일

지사.
산가지 하나의 모양을 본떠서 '하나' 라는 뜻을 나타냈다.

一 한 일

▷ 하나, 첫째, 오로지.
【자원】 지사. 一. 惟初大極(유초대극 : 오직 처음이자 큰 끝)이라 했으며 수는 일에서 시작한다〔數始於一 : 수 시어일〕. 또 『天賦經(천부경)』에는 一始無始一(일시무 시일)이라고 했다.

◎ 一日(일일) : 하루. 종일(終日).
◎ 一朝一夕(일조일석) : 단시일. 요사이. 지금.
◎ 一妻一夫(일처일부) : 한 아내 한 지아비.

丁 장정 정

▷ 못, 장정, 성하다.
【자원】 상형. 个. 웃. 못을 본뜬 글자.

※ 가장 간단하고 쉬운 글자를 지칭할 때 쓰이기도 한다.

◎ 丁寧(정녕) : 되풀이하여 알리다.
◎ 丁抹(정말) : 구라파에 있는 나라. 덴마크
◎ 目不識丁(목불식정) : 눈으로 丁자 같이 쉬운 글자도 모르 다. ⑧ 낫놓고 기역자도 모른다고 한다.
◎ 壯丁(장정) : 성년에 이른 혈기왕성한 남자.

上 위 상

▷ 높다, 위.
【자원】 지사. •⇒丄. 일정한 기준점〔一〕 위를 나타낸다.

◎ 上席(상석) : 윗자리.

※ '위' 라는 뜻에서 파생되어 '높다, 올라가다, 임금' 등 의 뜻으로 쓰이기도 한다.

◎ 上山(상산) : 산에 오르다.
◎ 上援下推(상원하추) : 위에 있는 사람이 끌어 올리고 아래 있는 사람이 밀어 주어 서로 도와주다.
◎ 主上(주상) : 임금.

획순 一 十 上

下 아래 하

▷ 낮다, 내리다, 아래.
【자원】 지사. ㆍ ⇒下. 일정한 기준점〔一〕 아래를 나타낸다.
- ◎ 下級(하급) : 아래 계급.

※ '아래'라는 뜻에서 '낮다, 나쁘다, 내려가다'로 파생됨.
- ◎ 下品(하품) : 나쁜 품질.
- ◎ 下學上達(하학상달) : 아래로는 사람의 일을 배우고 위로는 하늘의 이치를 통달하다. 곧 낮은 학문에서 깊은 학문으로 가다.

획순　一 丁 下

不 아니 불

▷ 못하다, 아니다.
【자원】 상형. 一은 하늘, 𣎴은 새를 나타내 새가 하늘로 날아가 돌아오지 않는 모양에서 '아니다'의 뜻을 나타냄.

※ 명사 앞에 쓰이는 일이 없이, 항상 동사나 형용사 앞에 쓰여 부정의 뜻이 되게 한다.
- ◎ 不問可知(불문가지) : 묻지 않아도 가히 알 수 있다.
- ◎ 杜門不出(두문불출) : 문을 닫고 나가지 않다.

世 세상 세

▷ 세상, 인간, 한평생, 대를 잇다.
【자원】 회의. 열 십(十) 세 개〔卅〕로 30년을 나타낸다. 한 세대가 대략 30년이므로 인간 한평생의 뜻이 되었다.
- ◎ 世世相傳(세세상전) : 대대로 전하여 내려오다.
- ◎ 世人(세인) : 세상 사람.

※ 卅(삼십 삽)과는 다른 글자이다.

획순　一 十 卄 卅 世

丙 밝을 병

▷ 밝다, 남녘, 셋째 천간.
【자원】 丙. 內, 冂(빌 경)과 火(불 화)로 구성되어 빈곳〔冂〕에 불〔火〕이 들어 있는 모양을 나타낸 글자.

※ '셋째 천간(天干)' 또는 '세번째'의 뜻도 있다.
- ◎ 丙科(병과) : 시험성적의 세번째 등급.
- ◎ 丙午丁未(병오정미) : 전해오는 풍속에 병오년과 정미년에는 항상 재앙이 많아서 꺼리는 해라고 한다.
- ◎ 丙子(병자) : 간지의 하나.

| 部

뚫을 곤

지사.
上下通(위 아래로 통한다)의 의미. 독립된 글자로는 쓰이지 않는다.

▷ 가운데, 안, 속, 범위, 맞히다.
【자원】 지사. 사물의 한가운데를 관통하였다는 뜻.

- ◎ 中道而廢(중도이폐) : 일을 하다가 중간에서 그만두다.
- ◎ 中立不偏(중립불편) : 한가운데에 있어 어느쪽에도 치우치지 않는 것.
- ◎ 中央(중앙) : 한가운데.
- ◎ 忙中閑(망중한) : 바쁜 가운데 한가로운 때.

※ '가운데'의 뜻에서 '안, 속, 범위' 등의 뜻으로 파생되어 과녁의 가운데 화살을 맞히는 곳이라는 것에서 '맞히다, 적중하다'의 뜻이 되었다.

- ◎ 中庸之道(중용지도) : 중용에 알맞는 도 곧 살아가는 세상의 도에 알맞는 도리.
- ◎ 的中(적중) : 맞다.

▷ 꿰다, 익숙하다. 〔천〕 - 버릇, 어음. 〔곶〕 - 곶.
【자원】 상형. ♯. 고대에 화폐로 사용되었던 조개를 실로 꿴 모양을 본뜬 글자.

※ 변하여 '익다, 익숙하다, 버릇, 곶'의 뜻으로 쓰인다.

- ◎ 串童(관동) : 가무(歌舞)에 익숙한 아이.
- ◎ 串數(관삭) : 익숙하여 자주 하다.
- ◎ 串子(천자) : 영수증(領收證).
- ◎ 長山串(장산곶) : 황해도 장연군(長淵郡)의 반도 남단에 위치하여 황해(黃海)에 돌출한 곳.

획순 ＇ ㄇ ㅁ ㅂ 串

`丶` 部

불똥, 심지, 점 주

지사.

구두점 혹은 작은 물건을 가리키는 부호로 사용된다.

丹 붉을 단

▷ 붉다, 주사, 성심.

【자원】 본래 뜻은 주사(硃砂)로 광산에서 채굴되는 것이므로 광산의 수직갱도의 한가운데에 점을 찍어 표시했다. 그 의미를 넓게 써 '정련하여 만든 알약'이란 뜻으로도 쓰였는데 그 색깔이 붉기 때문에 '붉다'라는 뜻이 되었다.

◎ 丹心(단심) : 속에서 우러나는 참된 마음.
◎ 丹藥(단약) : 단사(丹砂)를 이겨 만든 환약. 장생불사약(長生不死藥 : 오래 살고 죽지 않는 약).
◎ 丹田(단전) : 배꼽 아래로 한 치쯤 되는 곳. 아랫배. 여기에 힘을 주어 항상 심신의 정기를 모아두면 몸이 건강해져서 장수한다고 한다.
◎ 丹楓(단풍) : 가을에 붉게 변한 나뭇잎.

主 주인 주

▷ 주인, 등불, 임금, 어른, 신주, 주장하다.

【자원】 상형. 촛대 위의 심지에서 불이 타고 있는 모양을 본뜬 글자로 원래 뜻은 '등불'인데 백성을 밝힌다는 의미에서 '임금'으로 파생되었고, 그외 주인, 주인공, 주장하다로 쓰이기도 한다.

◎ 主客顚倒(주객전도) : 주인과 손님의 자리가 바뀌다. 곧 일의 선후가 뒤바뀌다.
◎ 主演(주연) : 연극, 영화에서 주인공으로 연기하다.
◎ 主義(주의) : 굳게 지켜서 변하지 않는 일정한 주장이나 방침.
◎ 主一無適(주일무적) : 마음을 한 곳으로 집중시켜 잡념(雜念)을 없애는 일. 정자(程子)나 주자(朱子) 이후의 송(宋)나라 선비들의 마음 수양법(修養法).

획순 ` 一 十 主 主

ノ部

삐칠 별

지사.
부호로 쓰이며 독립된 글자로 쓰이지 않는다.

之 갈 지

▷ 가다, 그것, 이것, ~의(어조사).
【자원】 ↯. 땅 위로 싹이 솟아 올라오는 모습을 본뜬 글자인데 사람이나 동물이 '걸어간다'의 뜻으로 쓰인다.

◎ 之東(지동) : 동쪽으로 가다.
◎ 之字路(지자로) : 갈지자처럼 꼬불꼬불한 길.

※ 대명사로 '그것, 이것'의 뜻도 있고 문장에서 어조사로 많이 쓰인다.

◎ 之死靡他(지사미타) : 죽어도 마음이 변하지 않는다.
◎ 人之正路(인지정로) : 사람의 바른 길.

乖 어그러질 괴

▷ 어그러지다, 배반하다, 거스르다.
【자원】 乘(탈 승)의 나무뿌리부분 八이 없어진 것에서 어그러지다는 뜻이 되었다.

◎ 乖常(괴상) : 상리(常理)에 어긋나다.
◎ 乖異(괴이) : 서로 틀리다. 서로 어긋나다.

乘 탈 승

▷ 타다, 오르다, 태우다, 이기다, 수레, 곱셈.
【자원】 상형. 乘. 전서로 보아 사람이 나무 위에 서있는 모습에서 타다는 뜻이 되었다.

◎ 乘客(승객) : 수레나 배 등에 탄 손님.
◎ 乘望風旨(승망풍지) : 윗사람에게 비위를 잘 맞추다.

※ 뜻이 '오르다'로 파생되었고, 곱셈을 뜻하는 글자로도 쓰인다.

◎ 加減乘除(가감승제) : 더하기 빼기 곱하기 나누기를 아울러 이르는 말.

획순   二 千 千 千 乖 乖 乖 乘

乙部
새 을

상형.
제비의 상형문자라고 하고 또는 새 앞가슴, 초목의 싹을 본떴다고도 한다.
孔(구멍 공)의 'ㄴ'와 글자는 다르나 같은 부수에 속한다.

乙
새 을

▷ 제비, 둘째 천간, 둘째, 아무개.
【자원】 상형. 새의 앞가슴을 본떴다. 또는 새싹이 땅 위로
구부러져 솟아 나오는 모습을 본뜬 글자라고 한다. 한
자어에서 '새'의 뜻으로 쓰이는 경우는 별로 없고 둘째
천간이나 두번째의 뜻으로 흔히 쓰인다.

◎ 乙夜(을야) : 밤을 갑을병정무로 나누었을 때 두 번째인
밤 9시~11시를 가리킨다.
◎ 甲男乙女(갑남을녀) : 갑이라는 아무개 남자와 을이라는
아무개 여자. 곧 보통 사람을 일컫는다.

乳
기를 유

▷ 기르다, 젖, 유방.
【자원】 ⺥(손톱 조)와 子(아들 자)와 ㄴ(乙)로 이루어진
글자. 손〔⺥〕으로 젖〔ㄴ〕을 잡고 자식〔子〕을 먹이는 모
습을 나타낸다.

◎ 乳兒(유아) : 젖먹이.
◎ 乳虎(유호) : 새끼 가진 범. 새끼 가진 범은 더 사나우므로
대단히 사나운 사람의 비유로 쓰인다.

乾
하늘 건(간)

▷ 하늘, 건괘, 부지런하다, 마르다.
【자원】 倝(해돋을 간)과 乙(초목의 새싹)로 구성되어 초
목의 싹이 햇빛을 향한다는 뜻에서 하늘을 나타낸다.
◎ 乾坤(건곤) : 하늘과 땅.

※ 하늘같은 사람이 임금이라 해서 '임금'의 뜻으로 파생
되었고 '말리다'의 뜻도 있다. '말리다'일 때는 음이
'간'인데 요즘은 '건'으로 흔히 발음한다.

◎ 乾坤一擲(건곤일척) : 흥하느냐 망하느냐 성공이냐 파멸이
냐의 것을 운에 맡기고 일을 진행한다.
◎ 乾糧(건량) : 말린 밥.

획순 十 ㄒ ㄒ 直 直 卓 朝 乾 乾

亅部

갈고리 궐

갈고리를 본떴다.
※부수로 쓰인 경우 갈고리와는 관련이 없고 모양으로 구분한 것인데
중국에서는 丨(뚫을 곤)에 포함시키고 있다. 독립된 글자로 쓰인 예가 없다.

了 마칠 료

▷ 깨닫다, 똑똑하다, 마치다.

【자원】 子(아들 자)에서 一을 생략한 모습으로 아기가 양
팔을 모으고 출산했다는 데서 마쳤다는 뜻이 되었다.

◎ 了不得(요부득) : 감당할 수 없다. 견딜 수 없다.
◎ 了知(요지) : 깨달아 알다.
◎ 了察(요찰) : 남의 사정을 잘 살피다.
◎ 了解(요해) : 환하게 깨닫다. 분명히 이해하다.
◎ 修了(수료) : 일정한 학과를 다 배워 마치는 것.
◎ 終了(종료) : 끝마침.

事 일 사

▷ 일, 섬기다, 부리다.

【자원】 𠭟. 전서로 보아 손에 깃발을 든 모양에서 깃발
을 들고 일터로 나가는 모습을 나타낸다.

◎ 事例(사례) : 일의 전례(前例).
◎ 事半功倍(사반공배) : 들인 힘은 적은데 성과는 많음.
◎ 事必歸正(사필귀정) : 모든 일은 반드시 바른 곳으로 돌
아간다.

※ 자원을 '붓을 들고 일하는 손의 모양'을 본떠서 만들
었다고도 한다. 한편 뜻이 '섬기다'로 파생되었다.

◎ 事大主義(사대주의) : 큰 나라나 큰 세력에 기대거나 붙
잡아 존재를 유지하려는 주의.
◎ 事親(사친) : 부모를 섬기다.
◎ 事後承諾(사후승낙) : 급한 경우 우선 일을 처리하고 뒤에
관계자에게 승낙을 받는 것.

획순　一　丁　亓　亓　写　写　事　事

二部

두 이

지사.
가로의 두 직선으로 둘이라는 수효를 나타낸다. 부수로서 '二'는
특별한 의미가 없고 글자 모양에서 부수로 설정한 것이다.

云 이를 운

▷ 말하다, 운운.
【자원】 �. 말을 할 때 입김이 새어나오는 모양을 본떴다.

◎ 云云(운운) : 여러 가지 말. 다른 말이나 글을 인용할 때 끝을 생략하여 이러이러하다는 뜻으로 쓰는 말.

五 다섯 오

▷ 다섯, 다섯번.
【자원】 X. 二는 하늘과 땅을 X 는 음양이 엇갈림을 나타내어 오행을 뜻한다〔五行 : 火水木金土〕.

◎ 五行(오행) : 우주간(宇宙間)에 쉬지 않고 운행하는 다섯 원소(元素). 곧 금(金) 목(木) 수(水) 화(火) 토(土). 이 오행의 상생상극(相生相剋)에 의하여 만물이 소멸하고 생존하고 자란다고 한다.

※ 나무를 다섯 개 쌓아놓은 모양을 본떴다는 설도 있다.

◎ 五車之書(오거지서) : 수레 다섯에 실을 만큼 많은 책.
◎ 五里霧中(오리무중) : 안개낀 속에 있다. 곧 무슨 일에 대하여 알길이 없을 때, 또는 앞길을 예측할 수 없을 때 쓰인다.

井 우물 정

▷ 우물, 별이름, 괘이름.
【자원】 井. 나무로 네모지게 짠 우물 틀의 모양을 본뜬 글자.

◎ 井臼之役(정구지역) : 물 긷고 절구질하다. 전(轉)하여 살림살이의 수고로움을 이른다.
◎ 市井(시정) : 인가가 많이 모인 곳(옛날 중국에 우물이 있는 곳에 사람이 많이 모여 살았다는 데서 유래된 말).

획순 一 二 亖 井

亠部

돼지해(亥)머리 두

亥(돼지 해)의 머리부분과 같다 해서 '돼지해머리 두'라고 하나
정확한 자원은 상세하지 않다. 끝이 뾰족한 것을 상형한 부호이며
부수로 쓰일 때 특별한 뜻이 없다.

亡
망할 망

▷ 망하다, 달아나다, 죽다, 잃다.
【자원】 회의. 𠃊에서 入은 사람, 𠃊은 숨을 은(隱)의 고자
(古字)로 사람이 숨어들어 있음을 나타낸 글자로 '망
하다, 죽다, 잃다'의 뜻이다.

◎ 亡國(망국) : 망한 나라.
◎ 亡羊得牛(망양득우) : 작은 것을 잃고 큰 것을 얻다. 작은
손해를 보고 큰 이익을 얻다.
◎ 九牛亡一毛(구우망일모) : 아홉 마리 소에서 터럭 하나를
잃다. 즉 하찮은 것을 비유한 말.

交
사귈 교

▷ 사귀다, 섞이다, 바꾸다, 서로.
【자원】 𡗉. 사람의 다리가 교차된 모양을 본뜬 글자.

◎ 交友(교우) : 벗을 사귀다. 벗.

※ 뜻이 '섞이다, 바꾸다, 서로, 벗' 등으로 파생되었다.

◎ 交頭接木(교두접목) : 귀에 대고 속삭이다. 밀담(密談)하다.
◎ 交戰(교전) : 서로 싸우다.
◎ 交絕不出惡聲(교절불출악성) : 관계는 끊더라도 상대방은
욕하지 않는다.

획순   ' 亠 亣 六 交 交

亥
돼지 해

▷ 돼지, 열두째 지지.
【자원】 𠂱. 亥가 돼지를 뜻하는 한자어에 쓰이는 경우는
별로 없다. 12지간의 끝인 '열두째 지지'가 돼지에 해
당하므로 흔히 돼지 해라고 하는 것이다.

◎ 亥豕之譌(해시지와) : 글자가 잘못된 것. '해(亥)'와 '시
(豕)'는 글자 자체가 비슷하므로 말한 것이다.
◎ 亥月(해월) : 음력 10월.

획순   ' 亠 亣 亥 亥 亥

<table>
<tr><td>亭
정자 정</td><td>▷ 정자, 우뚝하다, 곧다, 주막.
【자원】 ⓗ. 高(高의 획줄임)과 丁으로 구성되어 높은 집〔高〕, 丁은 음을 나타낸 글자.</td></tr>
</table>

　◎ 亭子(정자) : 경치 좋은 곳에 놀기 위해 지은 집.

※ 뜻이 파생되어 '우뚝하다, 곧다, 주막'으로 쓰인다.

　◎ 亭林文集(정림문집) : 청(淸)나라 고염무(顧炎武)의 문집 이름. 정림은 고염무의 호이다.
　◎ 亭然(정연) : 우뚝 솟은 모양.

시조감상

이 몸이 죽어가서 무엇이 될고 하니
봉래산 제일봉에 落落長松(낙낙장송) 되엇다가
백설이 滿乾坤(만건곤)할제 獨也靑靑(독야청청) 하리라
　　　　　- 성삼문 -

수양산 바라보며 夷齊(이제)를 한하노라
주려 죽을진들 採薇(채미)도 하는 것가
비록 푸새의 것인들 그 뉘 땅에 났더냐
　　　　　- 성삼문 -

成三問 : 1418~1456. 세종을 보필해 훈민정음 창제에 참여함.
단종의 복위를 꾀하다 죽은 사육신(死六臣)의 한 사람.
호는 매죽헌(梅竹軒). 시호는 충문(忠文).
死六臣 : 李塏(이개), 河緯地(하위지), 柳誠源(유성원), 兪應孚(유
응부), 成三問(성삼문), 朴彭年(박팽년)을 일컫는다.
生六臣 : 李孟專(이맹전), 趙旅(조여). 元昊(원호), 金時習(김시
습), 成聃壽(성담수), 南孝溫(남효온).

人部 사람 인

※ 부수로 쓰여 변으로 사용될 때는 '亻'으로 변형된다.
今(이제 금)처럼 윗부분에 부수로 쓰일 때는 사람이라는 뜻은 없다.

人
사람 인

▷ 사람, 인간, 남.

【자원】 상형. . 사람이 팔을 뻗고 두 발로 서있는 옆모습을 본뜬 글자.

◎ 人格(인격) : 사람의 품격.
◎ 人道主義(인도주의) : 인종, 국가, 종교 등을 초월하여 인류 전체의 행복을 추구하기 위한 이념으로 주창하는 사상. 곧 박애주의.

※ 뜻이 파생되어 '남(타인)'으로 쓰인다.

◎ 人必自侮然後人侮之(인필자모연후인모지) : 사람은 스스로를 멸시하여 몸을 닦지 않으므로 남에게 모멸을 받게 된다는 말이다.
◎ 是己非人(시기비인) : 자기를 옳다 하고 남을 그르다 하다.

介
끼일 개

▷ 끼이다, 소개하다, 갑옷.

【자원】 회의. . 人과 八(丷)로 이루어진 글자.
사물을 나누기〔八〕 위해서 끼어든다는 뜻.

◎ 介入(개입) : 끼어들어 가다.

※ '끼이다'에서 '소개하다'의 뜻으로 파생되었다.

◎ 紹介(소개) : 모르는 사이를 알고 지내도록 중간에서 관계를 맺어주다.
◎ 介子推(개자추) : 사람 이름. 개지추(介之推)라고도 한다. 진(晉)나라 때 사람으로 문공(文公)을 도와 공을 세웠으나 공신이 되지 못하자 면산(緜山)에 숨었다. 후에 왕이 불렀으나 나오지 않자 불을 지르면 나오겠지 하고 면산에 불을 질렀으나 끝내 나오지 않고 어머니와 타죽었다. 왕은 슬퍼하며 이 날은 불을 사용하지 못하게 했다. 그 날이 한식(寒食)이다.

仁   어질 인

▷ 어질다, 사랑하다, 씨.

【자원】 𠤎. 亻과 二로 구성되어 두 사람이 친하게 지냄에 따라 어진 마음이 생긴다는 뜻.

◎ 仁義禮智(인의예지) : 사람의 마음에 선천적으로 갖춘 네 가지 덕.

◎ 仁(인)은 人之安宅也(인지안택야) : 인은 사람의 편안한 집이다. 사람이 마음이 어질면 마음이 지극히 편안하다는 말.

※ 뜻이 '씨'로 파생되었다.

◎ 桃仁(도인) : 복숭아씨.

仙   신선 선

▷ 신선.

【자원】 산(山)에 기거하며 도(道)를 닦는 사람[人]을 뜻한다.

◎ 仙骨(선골) : 신선의 골격. 신선다운 풍모가 있다.

令   명령할 령

▷ 명령하다, 하여금, 시키다, 아름답다.

【자원】 숣. 스과 卩로 구성. 사람[人]을 한 곳[一]에 모은다는 스(모을 집)과 卩(⺋ : 병부 절)이 결합한 것으로서 관리가 병부(신표)를 가지고 한 곳에 사람을 모은다는 뜻.

◎ 朝令暮改(조령모개) : 아침의 명령을 저녁에 고치다. 법령 따위를 자주 바꾸는 것.

※ 뜻이 변하여 '아름답다'로 파생되었고 뒤에 경칭으로 쓰이게 되었다.

◎ 令女之節(영녀지절) : 영녀(令女)는 조문숙(曹文叔)의 아내 이름. 조문숙이 죽자 집에서 다시 시집보내려고 하여 자신의 귀와 코를 베어버리고 이를 따르지 않고 마침내 정절을 온전하게 지킨 고사.

◎ 令愛(영애) : 남의 딸의 존칭.

획순   丿   人   스   今   令

來 올 래

▷ 오다, 다가오다.

【자원】 來. 보리의 모양을 본뜬 글자. 귀중한 곡식인 보리는 하늘이 보내준 것이란 유래에서 온다는 뜻이 되었다.

　◎ 來往(내왕) : 오고 가다. ⑧ 왕래(往來).
　◎ 來者不拒去者不追(내자불거 거자불추) : 오는 사람과 가는 사람을 각자의 자유에 맡겨 거절도 하지 않고 쫓아가지도 아니한다는 뜻.

　획순　一　丆　丆　厼　厸　杰　來　來

信 믿을 신

▷ 믿다, 맡기다.

【자원】 사람〔人〕의 말〔言〕은 믿을 수 있어야 된다는 뜻.

　◎ 信實(신실) : 신의가 있고 진실되다.

※ 자원을 '사람의 말은 마음의 소리'라는 데서 '믿다, 참되다'의 뜻이라고도 한다.

　◎ 信賞必罰(신상필벌) : 공이 있는 사람은 상을 주고 죄가 있는 사람은 벌을 주다. 상벌을 엄정하게 하다.
　◎ 信心直行(신심직행) : 옳다고 믿는 것은 곧바로 행하다.

시조감상

까마귀 눈비 맞아 희는 듯 검노매라
야광 명월이야 밤인들 어두우랴
님 향한 一片丹心(일편단심)이야 고칠 줄이 있으랴
－박팽년－

朴彭年 : 1417～1456. 성삼문 등과 함께 집현전 학사.
성삼문 하위지 이개 유성원 유응부 등과 단종의 복위를 도모하다
극형을 받은 사육신(死六臣)의 한 사람.

儿部　어진사람(걷는사람) 인

상형. 𧠭 . 사람이 무릎을 꿇고 있는 모습.
人과 뜻이 유사하나, 부수로 쓰인 것의 대부분은 '사람' 또는 '다리'와 관련이 있다.
人이 글자의 밑에 붙을 때는 흔히 이 모양을 취한다.

元
으뜸 원

▷ 으뜸, 처음, 시작, 근본.
【자원】 지사. 兂 . 사람의 머리를 지칭한 글자.

- ◎ 元亨利貞(원형이정) : 천도(天道)의 네 가지 덕. 각각 인의 예지(仁義禮智)에 해당. 원은 봄이며 만물의 시초이므로 인(仁)이 된다고 하였다.

획순 ― ニ テ 元

兄
맏 형

▷ 맏, 언니.
【자원】 회의. 어진사람〔儿〕의 말〔口〕. 곧 형이라는 뜻. ※아우를 타이르고〔口〕 지도하는 사람〔儿〕이라는 데서 '형'이라는 뜻이 되었다고도 한다.

- ◎ 兄亡弟及(형망제급) : 형이 아들없이 죽었을 때 아우가 혈통을 잇는 일.

先
먼저 선

▷ 먼저, 앞서다.
【자원】 회의. 兂 . 사람보다 발이 먼저 나온 모양을 나타낸 글자.

- ◎ 先後(선후) : 먼저와 나중.

※ 먼저라는 뜻에서 '앞서다'의 뜻으로 파생되었다.

- ◎ 先導(선도) : 앞장서서 인도하다.
- ◎ 先入觀念(선입관념) : 먼저부터 마음 속에 품고 있었던 관념.
- ◎ 先後倒錯(선후도착) : 먼저할 것과 나중에 할 것이 뒤바뀌다.

光 — 빛 광

▷ 빛, 경치.

【자원】 회의. ⌄(火의 변형)와 儿(걷는사람 인)으로 구성. 炗. 사람이 횃불을 들고 있어 밝다는 뜻이 되었다.

◎ 光風霽月(광풍제월) : 비가 갠 뒤의 바람과 달. 곧 깨끗하고 맑은 바람을 비유한다.
◎ 日光(일광) : 햇빛.

획순 丨 丷 丷 丱 ⺍ 光

克 — 이길 극

▷ 이기다, 마음누르다.

【자원】 형성. 옛 것〔古〕을 참고삼아 오늘을 살아가는 사람〔儿〕을 뜻한 글자.

◎ 克己(극기) : 자기 자신을 이겨내다.
◎ 克己復禮(극기복례) : 사사로운 욕심을 버리고 예절로 돌아서게 하다.
◎ 克己訓練(극기훈련) : 자신의 사욕을 이성으로 극복시키려고 하는 훈련.

시조감상

천만리 머나먼 길에 고운 님 여희옵고
내 마음 둘 데 없어 냇가에 앉았어라
저 물도 내 안 같아야 울어 밤길 예놋다

– 왕방연 –

王邦衍 : 연대 미상. 어린 단종을 재위 3년만에 폐위시키고 노산군(魯山君)으로 강봉하여 강원도 영월로 유배시킬 때 의금부도사(義禁府都事)로서 호송하였다.

入部　들 입

지사. 人 입구를 나타내며 안으로 들임을 뜻한 글자.
※ 파고 들어갈 수 있는 뾰족함을 나타냈다고도 하고, 초목의 뿌리가 땅 속으로 파고 들어가는 모양을 본떴다고도 함. 갑골문은 화살촉의 모양을 본뜬 글자이다.

内　안 내

▷ 안, 속, 아내.
【자원】 회의. 冂(빌 경)과 入(들어갈 입)으로 구성된 글자. 빈〔冂〕 곳에 들어간다〔入〕는 뜻. ※冂을 성곽으로 보고 성곽으로 둘러싸인 성 안으로 들어간다〔入〕하여 '안' 이라는 뜻이 되었다고도 한다.

- ◎ 内憂外患(내우외환) : 나라 안의 근심과 나라 밖의 근심. 곧 안과 밖의 근심.
- ◎ 内政(내정) : 나라 안의 정치.

※ 뜻이 '아내'로 파생되었다.

- ◎ 内子(내자) : 아내. 남에게 자기 아내를 일컫는 말.

全　온전할 전

▷ 온전하다, 모두, 전부.
【자원】 회의. 入과 玉(王의 본자)으로 구성하여 옥을 들여가지고 온전하게 보관한다는 뜻. ※귀한 물건인 옥〔王〕은 들여 놓아야〔入〕 '온전하다'는 뜻을 나타낸 글자라고도 한다.

- ◎ 安全(안전) : 편안하고 온전하다.

※ 뜻이 '모두' '전부'로 파생되었다.

- ◎ 全國(전국) : 한 나라의 전체.
- ◎ 全權大使(전권대사) : 국가 원수를 대표하여 외국에 주재하는 대사.
- ◎ 全智全能(전지전능) : 완전무결한 지혜와 능력. 모든 것을 다 알고 다 행할 수 있는 성자(聖者).

획순 　 ′ 亼 亽 仐 全 全

八部

여덟, 나눌 팔

지사.
ノ(삐침)과 乀(끌어당김)으로 구성하여, 서로 떨어져 '나누다', '등지다' 는 뜻을
나타낸 글자.   ※ 물건이 양쪽으로 나누어져 있음을 나타낸다. 글자의 밑에 쓰이는
八의 모양(예 興 : 일어날 홍)은 두 손으로 받드는 모양을 본뜬 것이다.

公
공정할 공

▷ 공정하다, 여러, 관청, 벼슬.
【자원】 회의. 㕣. 厶(사사로울 사－私의 본자)와 八(등질
팔)로 구성하여 사사로움을 등지고 '공정하다' 는 뜻.

◎ 公正(공정) : 공평하고 바르다.

※ 뜻이 관청, 벼슬 등으로 파생되었다.

◎ 公務(공무) : 국가나 공공 단체의 사무.
◎ 公正無私(공정무사) : 공평하고 사심(私心)이 없는 것.

共
함께 공

▷ 함께, 같이, 한가지.
【자원】 회의. 𦥑. 두 손으로 물건을 바치는 모양에서 함
께 한다는 뜻.

※ 많은 사람〔廾〕이 손을 '모아' 받든다하여 '함께'의 뜻
이 되었다고도 한다.

◎ 共感(공감) : 남의 의견에 대하여 자기도 그러하다고 느
끼다.

※ 많은 사람들이 두 손을 모아 서로 받든다는 데에서 '같
이' '한 가지' 의 뜻으로 쓰인다.

◎ 共同宣言(공동선언) : 두 나라, 또는 두 사람 이상이 참여
하여 뜻을 함께 하여 발표하는 선언.

兵
군사 병

▷ 군사, 무기, 전쟁.
【자원】 회의. 兵. 도끼를 두 손으로 잡고 있는 모양에서
무기, 또는 무기를 든 '군사' 를 뜻하게 되었다. 斤(도
끼 근)＋ 六(廾〈손맞잡을 공〉의 변형).

◎ 兵務(병무) : 병사에 관한 사무.
◎ 兵不厭詐(병불염사) : 병법에서는 속이는 것을 꺼리지 않
는다.

획순　｀　｢　斤　斤　乒　乒　兵

冂部

멀, 빌 경

冂. 멀리 보이는 성곽을 나타낸 것으로 '멀다'의 뜻으로 쓰이는 글자. 성이 텅비었다는 데서 '비었다'의 뜻으로도 쓰임. ※ 부수로 쓰일 경우 '멀다' 나 '비다'의 뜻과는 별로 관련이 없다. 독립된 글자로 쓰이지 않는다.

册
책 책

▷ 책.

【자원】 상형. 册. 대쪽에 글을 새겨 끈으로 묶은 모양을 본뜬 글자.

◎ 册封(책봉) : 임금이 명을 내려 왕세자(王世子)나 공이 있는 사람들에게 높은 직위를 수여하고 봉하다.
◎ 册床(책상) : 책을 올려 놓는 기구.

획순   丨 冂 冊 册

再
두번 재

▷ 두번, 다시.

【자원】 회의. 대바구니에 물건을 얹은 모습에서 포갠다는 의미로 '거듭'을 뜻하였다. ※ 一(한 일)과 冉(＝冓 : 재목 어긋쌓을 구)가 합하여, 쌓은[冉] 위에 더[一] 쌓는다는 데서 '거듭' '두번'의 뜻이 되었다고도 한다.

◎ 再建(재건) : 무너진 것을 다시 일으켜 세우다.
◎ 再生之恩(재생지은) : 다 죽게 된 목숨을 다시 살게 해 준 은혜.

시조감상

梨花(이화)에 月白(월백)하고 銀漢(은한)이 삼경인 제
一枝春心(일지 춘심)을 子規(자규)야 알랴마는
다정도 병인 양하여 잠 못들어 하노라
- 이조년 -

李兆年 : 1269~1343. 고려 충렬왕 때 문과에 급제.
시문에 뛰어났으며 호는 매운당(梅雲堂).

冖部

덮을, 민갓머리 멱

∩. ⌒. 보자기로 물체를 덮어 씌운 모양을 본뜬 글자.

※ 이 글자가 부수로 쓰인 글자의 뜻은 덮고 있는 것을 나타내는 경우가 많다. 보통 우리 나라에서는 '민갓머리' 라 일컫는다. 독립된 글자로 사용되지는 않는다.

冠
갓 관

▷ 갓, 어른, 으뜸.

【자원】冖과 元(머리 원)과 寸(법도 촌)으로 구성되어 법도에 따라 머리에 쓰는 '관', 또는 '갓'을 나타내었다.

◎ 冠帶之國(관대지국) : 예절이 바로 선 나라.
◎ 衣冠(의관) : 옷과 갓.

획순 ' 冖 冖 冖 元 元 冠 冠

시조감상

한 손에 가시를 들고 또 한 손에 막대를 들고
늙는 길 가시로 막고 白髮(백발) 막대로 치렸더니
백발이 제 먼저 알고 지름길로 오더라
-우 탁-

春山(춘산)에 눈 녹인 바람 건듯 불고 간 데 없다
적은덧 빌어다가 머리 위에 불리고저
귀 밑에 해묵은 서리를 녹여볼까 하노라
-우 탁-

禹倬 : 1263~1343. 고려 말의 학자.
문과에 급제 후 충선왕에게 극간하고 벼슬을 내놓았으며
충숙왕의 부름에도 끝내 응하지 않고 글을 벗삼아 지냈다.
호는 역동(易東). 시호는 문희(文僖).

冫部

얼음(이수변) 빙

얼음 조각을 나타냈다.

冬 겨울 동

▷ 겨울.
【자원】 회의. 夊(뒤져올 치)와 冫(얼음 빙)으로 구성되어 사계절 중 맨나중에 오는 겨울을 뜻하였다.

◎ 冬服(동복) : 겨울 옷.
◎ 冬溫夏淸(동온하청) : 겨울에는 따뜻하게 하고 여름에는 서늘하게 하다.

획순 ／ ク 夂 冬 冬

凍 얼 동

▷ 얼다, 춥다.
【자원】 형성. 冫〔얼음〕은 뜻을, 東(동)은 음을 나타낸다.

◎ 凍死(동사) : 얼어서 죽다.
◎ 冷凍(냉동) : 냉각시켜 얼리다.

淸 서늘할 청

▷ 서늘하다.
【자원】 형성. 얼음〔冫〕이 서늘하다 하여 뜻을 나타내고 靑(청)은 음을 나타낸다.

◎ 溫淸(온청) : 따스하고 시원하다.
◎ 夏淸(하청) : 여름에는 시원하게 하다.

시조감상

仙人橋(선인교) 내린 물이 紫霞洞(자하동)에 흘러들어
반천년 王業(왕업)이 물소리뿐이로다
아이야 故國興亡(고국흥망)을 물어 무삼하리오
- 정도전 -

鄭道傳 : ?～1398. 자는 종지(宗之). 호는 삼봉(三峰).

几部

안석, 책상 궤

상형.

几·兀·안석, 책상 등을 본떴다. 부수자로 쓰인 예는 많지 않다.

几
무릇 범

▷ 무릇, 모두, 대강, 범상하다.

【자원】 상형. 几(안석 궤)는 물체를 담는 틀을, 丶는 물체를 나타낸 글자. ※ 바람을 안아 돛이 팽팽하게 펴진 모양을 본뜬 글자로 '모두' '대강'의 뜻을 갖는다고도 한다.

◎ 凡聖一如(범성일여) : 범인이나 성인과는 구별이 있으나 그 본성(本性)에는 일체 평등하다.
◎ 大凡(대범) : 무릇.
◎ 非凡(비범) : 보통이 아니다.

획순　丿　几　凡

시조감상

가노라 삼각산아 다시 보자 한강수야
고국산천을 떠나고자 하랴마는
시절이 하 수상하니 올동말동 하여라
　　　　　　　－ 김상헌 －

金尙憲 : 1570～1652. 조선 선조 때 문과에 급제.
병자호란 때 예조판서로 있으면서 항전을 주장했다가 파직됨.
1639년에 청나라가 명나라를 치기 위해 출병을 요구하자
이를 반대하는 상소를 올려 청나라의 노여움을 사
1640년에 심양(瀋陽)으로 잡혀갔는데 이때 지은 시.
호는 청음(淸陰). 시호는 문정(文正).

凵部

입벌릴 감

입을 크게 벌리고 있는 모양을 본뜬 글자.
※ 혹은 땅의 구멍, 즉 함정을 만들어 놓은 모양을 본뜬 글자라고 한다.
우리 나라에서는 '위터진입 구' 라고 일컫는다. 독립된 글자로 쓰이지는 않는다.

凶
흉할 흉

▷ 흉하다.
【자원】지사. 땅이 푹꺼지고[凵 : 위튼입 구] 금이 간[乂]
함정을 나타낸 글자. ※ 비명에 죽은 사람의 가슴[凵]
의 중앙에다 X모양의 문신을 한 것으로 보기도 한다.

- ◎ 凶家(흉가) : 그 집에 사는 사람마다 흉한 일을 당하는 불
  길한 집.
- ◎ 凶事(흉사) : 흉한 일. 불길한 일.
- ◎ 凶相(흉상) : 보기 흉한 외모(外貌). 흉악한 사람의 상(相).
- ◎ 凶惡無道(흉악무도) : 성질이 험상궂고 모질어 법도가 없다.

획순　／　乂　凶　凶

出
나올 출

▷ 나오다, 떠나다.
【자원】상형. 초목의 싹[屮]이 흙을 벌리고[凵] 나오는
모양을 본뜬 글자. ※초목이 가지를 위로 뻗고 나오는
모양을 본뜬 글자라고도 한다.

- ◎ 出藍(출람) : 청색이 본래 남빛에서 나와서 도리어 남빛보
  다 푸르다는 뜻으로, 제자(弟子)가 스승보다 낫거나 자식
  이 부모보다 나음을 이른다.
- ◎ 出入(출입) : 나가고 들어오다.

※ 뜻이 파생하여 밖으로 나오는 것은 모두 '出' 이라 한다.

- ◎ 出嫁外人(출가외인) : 시집 간 딸은 친정(親庭) 사람이 아
  니고 남이나 마찬가지이다.
- ◎ 出生(출생) : 사람이 태어나다.
- ◎ 出離生死(출이생사) : 이승을 떠나서 안락한 세상으로 가다.
- ◎ 出天之孝(출천지효) : 하늘에서부터 타고난 지극한 효성.

획순　｜　屮　中　出　出

刀部
칼 도

상형. ﹄. 칼의 모양을 본뜬 글자.
※ 방으로 쓰일 때는 ‘刂’의 모양으로 쓴다.

刃
칼날 인

▷ 칼날.
【자원】 칼의 날을 가리킨 글자.

◎ 刃迎縷解(인영누해) : 칼로 실을 끊듯이 이치를 분별하다.
◎ 兵刃(병인) : 무기.

分
나눌 분

▷ 나누다, 신분.
【자원】 회의. 八(나눌 팔)과 刀(칼 도)로 이루어져, 칼로 물건을 잘라 나눈다는 뜻.

◎ 分水界(분수계) : 물이 양쪽으로 갈라지는 지점.
◎ 細分(세분) : 세밀하고 자세하게 가르다. ㋙合(합) : 합하다

※ 뜻이 ‘신분’으로 파생되었다.

◎ 身分(신분) : 개인의 사회적 지위, 또는 계급.

획순 ╱ 八 今 分

刊
새길 간

▷ 새기다, 깎다, 출판하다, 책펴내다.
【자원】 干(방패 간 – 음부분)자와 刂(刀)자로 이루어져 옛날에는 칼이나 방패에 글자를 새겨 표시한 데서 ‘새기다, 깎다’의 뜻이 되었다. ※ 방패〔干〕처럼 평평한 널판지에 글자를 새겨〔刂〕 ‘책을 박아낸다’는 뜻이라고도 한다.

◎ 刊行(간행) : 서적 기타 출판물을 판각하거나 인쇄하여 발행하다.
◎ 刊行本(간행본) : 간행한 책.
◎ 創刊(창간) : 정기 간행물인 신문, 잡지 등의 맨 첫번 것을 간행하다. 그 간행물.

<table>
<tr><td>

初
처음 초

</td><td>

▷ 처음, 첫.
【자원】회의. 衤(衣의 변형)와 刀(칼 도)로 구성되었다. 천〔衣〕을 잘라〔刀〕 마름질한다는 뜻으로 옷을 짓기 위해 맨 먼저하는 일이라는 의미에서 '처음'의 뜻이 되었다.

◎ 初期(초기) : 처음의 시기.
◎ 初志一貫(초지일관) : 처음 먹은 뜻을 평생토록 간직하다.

</td></tr>
</table>

<table>
<tr><td>

利
이로울 리

</td><td>

▷ 이롭다, 날카롭다.
【자원】회의. 禾(벼 화)와 刂(칼 도)로 구성되었다. 벼〔禾〕를 거둘 때 낫〔刂〕을 사용하니 편리하다는 뜻.

◎ 利用(이용) : 필요한 데 이롭게 쓰다.
◎ 利害得失(이해득실) : 이익과 손해와 얻는 것과 잃는 것.

※ 벼를 벨 때 낫이 날카로워야 한다는 의미에서 '날카롭다'는 뜻이 되었다.

◎ 銳利(예리) : 칼날 따위가 날카롭다.

획순　′　二　千　チ　禾　利　利

</td></tr>
</table>

<table>
<tr><td>

券
문서 권

</td><td>

▷ 문서, 증서.
【자원】釆(釆 : 움켜쥘 권)의 획줄임과 刀(칼 도)로 구성되었다. 고대에는 칼을 부러뜨려 서로 나누어 가져 후일에 맞추어 보았다는 데서 서로의 약속을 지킨다는 뜻으로 문서, 증서의 뜻이 되었다.

◎ 券面額(권면액) : 권면에 기입한 금액.
◎ 入場券(입장권) : 입장에 필요로 하는 증서.

</td></tr>
</table>

<table>
<tr><td>

刺
찌를 자

</td><td>

▷ 찌르다, 바늘, 묻다, 명함. 〔척〕-칼로 찌르다, 정탐하다.
【자원】朿(가시 자-음부분)와 刂(칼 도)로 이루어진 글자로 가시나 칼로 '찌르다'의 뜻.

◎ 刺客(자객) : 사람을 몰래 찔러 죽이는 사람.
◎ 刺草之臣(자초지신) : 풀을 깎는 천한 신하라는 뜻. 곧 일반 백성이 임금에게 일컫는 말.

※ 뜻이 '칼로 찌르다'일 때는 음이 '척'으로 변한다.

◎ 刺殺(척살) : 찔러 죽이다.

</td></tr>
</table>

剖
쪼갤 부

▷ 쪼개다, 가르다.
【자원】칼〔刂〕로 쪼갠다〔咅 : 가를 부〕는 뜻.

- ◎ 剖決(부결) : 옳고 그른 것을 갈라 결정하다.
- ◎ 剖棺斬屍(부관참시) : 관을 쪼개어 시체를 베다. 죽은 사람을 다시 벌주는 예전 형벌의 하나.

劇
심할 극

▷ 심하다, 연극.
【자원】호랑이〔虍 : 虎〈범 호〉의 획줄임〕와 돼지〔豕 : 돼지 시〕가 칼〔刂〕을 쥐고 싸우는 연극에서 심하다는 뜻이 되었다. ※또는 범〔虍〕, 돼지〔豕〕가 서로 물고 뜯는〔刂〕 모양이 극적이다 하여 '연극'의 뜻이 되었다고도 한다.

- ◎ 劇藥(극약) : 사용법을 그르치면 생명에 해가 되는 위험한 약.
- ◎ 劇場(극장) : 연극, 영화를 상영하는 곳.

劉
성 류

▷ 성, 이기다.
【자원】성씨로 쓸 때 柳(버들 류)씨와 구분하기 위해서 글자를 파자(破字)한 묘금도(卯金刀) 류라고 한다.

- ◎ 劉備(유비) : 중국 삼국시대 촉한(蜀漢)의 시조.

※ 본래 한자의 뜻으로는 刀와 관련하여 '이기다' '죽이다' 등의 뜻이 있다.

- ◎ 虔劉(건류) : 죽이다.

시조감상

池塘(지당)에 비 뿌리고 양류에 내 끼인 제
사공은 어디 가고 빈 배만 매었는고
석양에 짝잃은 갈매기는 오락가락 하노매
－조 헌－

趙憲 : 1544～1592. 이율곡과 성혼에게서 배우고, 명종 때 식년시(式年試)에 급제. 임진왜란 때 의병을 일으켜 금산(錦山)에서 싸우다 전사함. 호는 중봉(重峯). 시호는 문열공(文烈公).

力部
힘 력

상형. 팔에 힘을 주었을 때 근육이 올라온 모양을 본뜬 글자.
※ 또는 쟁기의 모양을 본뜬 글자. 힘을 들여 쟁기로 일하는 것을 나타내기 위하여 쟁기의 모양을 본떠 '힘'을 나타냈다고 한다. 力이 부수로 쓰인 글자의 뜻은 '힘이 있다', 혹은 '힘이 없다' 등 힘과 관련된 것이 대부분이다.

功 공로 공

▷ 공로, 복입다.
【자원】 형성. 힘[力]을 들여 물건 따위를 만든다[工 : 장인 공]는 데서 공로의 뜻이 되었다.

◎ 功過(공과) : 공로와 과오
◎ 功成名遂(공성명수) : 공적을 세워 명예가 올라가다.

劣 용렬할 렬

▷ 용렬하다, 못나다.
【자원】 힘[力]이 모자라고[少] 용맹이 없다.

◎ 劣等(열등) : 낮은 등급.
◎ 劣等人生(열등인생) : 하등의 인생.

助 도울 조

▷ 돕다.
【자원】 형성. 且(또 차 - 음부분)와 力(힘 력 - 뜻부분)으로 이루어진 글자. 힘을 보태어 준다는 뜻. ※ '且'는 호미, '力'은 따비를 본뜬 글자로 경작하는 것을 '돕는다'라는 뜻이 되었다고도 한다.

◎ 助桀爲惡(조걸위악) : 악한 사람을 부추겨 못된 짓을 하다.
◎ 助力(조력) : 남의 일을 도와주다.

動 움직일 동

▷ 움직이다, 어지럽다.
【자원】 重(무거울 중 - 음부분)과 力(힘 력)으로 구성되어 무거운 것도 힘을 더하면 움직인다는 뜻.

◎ 動物(동물) : 스스로 움직이는 생물.
◎ 動靜云爲(동정운위) : 기거동작(起居動作)과 언행. 곧 정신이 밖으로 나타난 전체.

※ 뜻이 '어지럽다'로 파생되었다.

◎ 動亂(동란) : 폭동이나 전쟁 등으로 사회가 소란해지는 것.

획순 一 亡 言 盲 重 重 重 動 動

<table>
<tr><td>務
힘쓸 무</td><td>

▷ 힘쓰다, 직분, 일.
【자원】 형성. 矛(창 모)와 攵(칠 복)과 力(힘 력)으로 구성된 글자로 창(矛)을 꼬나들고(力) 적을 친다(攵)는 뜻이다.

◎ 務本(무본) : 근본을 닦는 데 힘쓰다.

※ 뜻이 힘쓰다에서 '직분' '일' 등으로 파생되었다.

◎ 職務(직무) : 직업상의 일.

</td></tr>
<tr><td>勸
권할 권</td><td>

▷ 권하다, 돕다.
【자원】 형성. 雚(황새 관(권)-음부분)과 力(힘 력)으로 이루어진 글자. ※혹은 황새 둥지는 높은 나무에 있어 물고기 먹이를 구하는 데 힘든다(力)는 데에서 '힘쓰다' '권하다'의 뜻이 나왔다고도 한다.

◎ 勸善懲惡(권선징악) : 착한 일은 권장하고 나쁜 행동은 징계하다.
◎ 强勸(강권) : 억지로 권하다.

</td></tr>
</table>

획순   艹 茻 萚 萚 萚 雚 勸 勸

시조감상

장검을 빼어 들고 백두산에 올라보니
大明(대명) 天地(천지)에 腥塵(성진)이 잠겼어라
언제나 南北風塵(남북풍진)을 헤쳐 볼꼬 하노라
-남 이-

南怡 : 1441~1468. 의산군(宜山君) 휘(暉)의 아들.
어머니는 태종(太宗)의 넷째딸인 정선공주(貞善公主).
17세에 무과에 장원급제하여 세조의 극진한 총애를 받음.
유자광(柳子光)의 모함으로 주살되었다.

勹部

쌀 포

𠅃. 사람이 몸을 굽혀 팔로 무엇을 감싼 모습,
또는 어머니의 불룩한 몸체를 본뜬 글자이다. '포장하다' 라는 뜻을 지니고 있는데,
다른 글자와 합쳐져 음부분을 나타내는 경우가 많다.

勺
구기 작

▷ 구기, 잔질하다.
【자원】상형. 𠃌. 물을 뜨는 기구를 본뜬 글자.

※ 구기는 물그릇의 하나.

◎ 勺水不入(작수불입) : 물을 한 모금도 마시지 못하듯 음식
을 조금도 먹지 못하다.
◎ 勺藥(작약) : 작약과에 속하는 다년초(多年草). 모란(牡丹)
비슷한 아름다운 꽃이 핀다. 작약(芍藥).
◎ 勺飮(작음) : 구기로 떠 마시다.

勿
말 물

▷ 말라, 않다, 없다.
【자원】상형. 𠇒. 깃발 모양을 본뜬 글자. 일어났을 때 깃
발의 모양에 따라 '～말라'의 신호를 나타냈다.

◎ 勿論(물론) : 말할 것도 없다.
◎ 勿謂今日不學有來日(물위금일불학유래일) : 오늘 공부하지
않고 내일이 있다고 미루어서는 안된다는 것.
◎ 勿入(물입) : 들어 오지 말 것.

획순　 ノ 勹 勺 勿

包
쌀 포

▷ 싸다, 꾸리다.
【자원】형성. 𠤬. 어머니의 뱃속에 태아〔巳 : 태아의 모습〕
가 싸여〔勹〕 있는 모양을 본떠, '싸다'의 뜻이 되었다.

◎ 包括(포괄) : 온통 싸서 묶음. 총괄(總括)하다.
◎ 包羞忍恥(포수인치) : 부끄러운 것을 참다.
◎ 包荒(포황) : 거칠고 더러운 것을 싼다는 뜻으로 사람을 포
용하는 도량(度量)이 있음을 이른다.
◎ 內包(내포) : 어떠한 뜻을 그 속에 포함하다.

匕部

숟가락, 비수 비

상형.
숟가락을 본뜬 글자.

匕
숟가락 비

▷ 숟가락, 비수.
【자원】 상형. 匕. 숟가락을 본뜬 글자. 끝이 뾰족한 숟가락을 본뜬 모양에서 비수〔短刀 : 단도〕를 뜻하게 되었다.

◎ 匕首(비수) : 썩 잘드는 작은 칼.

※ 삐침(丿)이 짧다. 삐침이 길면 化(다음 조 참조)의 고자(古字).

化
화할 화

▷ 되다, 화하다. ※삐침(丿)을 길게 한다.
【자원】 회의. 化. 人(사람 인 – 뜻부분)과 匕(숟가락 비 – 뜻부분)로 구성 된 글자. '匕'는 사람이 거꾸로 뒤집힌 모양이니 거꾸로 된 사람을 덕망 따위로 교화하여 바로잡는다는 뜻. ※또는 형성문자로 人〔뜻부분〕과 匕〔化의 옛 글자로 음부분〕의 결합으로 보기도 한다.

◎ 化飯道人(화반도인) : 탁발(托鉢)하는 거지 중.
◎ 美化(미화) : 아름답게 만들다.

北
북녘 북

▷ 북녘. 〔배〕 – 패배하다, 달아나다, 등지다.
【자원】 北. 사람이 서로 등지고 있는 옆모습을 본뜬 글자로 '등지다'의 뜻을 나타내며, 햇빛이 있는 남쪽을 등진 곳이 북쪽이라 하여 '북쪽' 이란 뜻으로 쓰인다.

◎ 北道主人(북도주인) : 찾아온 손님을 접대하는 주인. 곧 길을 안내하는 사람.
◎ 北方(북방) : 북쪽 지방.
◎ 敗北(패배) : 싸움에 지다. 또는 패하여 달아나다.

획순 丨　丬　汁　北　北

匚部
상자 방

통나무를 파서 만든 네모진 통을 본뜬 글자.
※ 또는 네모난 대나무 상자의 모양을 본떴다고 한다.
※ 우리 나라에서는 '터진 입구' 라고 일컫는다. 독립된 글자로 쓰이지 않는다.

匠
장인 장

▷ 장인.
【자원】 회의. 斤(도끼 근)과 匚(상자 방)으로 이루어져 상자(匚)에 목수가 연장(斤)을 넣어 다닌다는 뜻.

◎ 匠伯(장백) : 목수의 우두머리.
◎ 匠人(장인) : 목수, 또는 물건을 잘 만드는 것을 직업으로 삼는 사람.

획순　一　一　匚　匚　匠　匠

匪
도둑 비

▷ 도둑, 공비.
【자원】 형성. 匚(상자 방)과 非(아닐 비)로 구성된 글자로 흙구덩이를 파고 숨어있는 도둑을 나타낸 모습을 나타냈다.

◎ 匪躬之節(비궁지절) : 한 몸의 이로움과 해로움을 돌아보지 않는 충성.
◎ 匪徒(비도) : 도둑의 무리.
◎ 匪石之心(비석지심) : 돌과 같이 굳어 움직일 수 없는 마음을 말한다.
◎ 匪夷所思(비이소사) : 보통 사람의 생각이 미칠 바가 아니다. 보통 사람은 그런 곳까지 생각이 미치지 못한다.

匱
궤 궤

▷ 궤, 궤갑.
【자원】 회의. 匚(상자 방)과 貴(귀할 귀)로 구성되어 귀한 물건을 상자에 넣어둔다는 뜻.

◎ 匱窮(궤궁) : 가난하여 고생하다. 빈궁(貧窮).
◎ 匱櫝(궤독) : 함(函). 또는 상자.
◎ 匱乏(궤핍) : 궁핍하다. 모자라다.

匚部

감출 혜

회으지다. 위를 덮어서 감춘다는 뜻. ※윗부분의 ㅡ은 감추기 위해 덮은 것을 나타내며 아랫부분의 ㄴ모양은 '샛갈'을 나타내는데, 뜻이 합쳐져 '감추다'의 뜻으로 쓰이게 되었다고 한다. 그러나 그 의미는 명쾌하지 않다. 우리 나라에서는 '터진 에운담'이라고 일컫는데, 중국이나 일본에서는 앞의 부수자인 匚(상자 방)과 구별하지 않고 함께 쓴다. 독립된 글자로 쓰이지는 않는다.

匹
짝 필

▷ 짝, 한 마리, 천의 길이 단위.
【자원】형성. 천을 일정한 길이로 나누어〔八〕보관한다〔匸〕는 뜻. 匸(감출 혜-뜻부분), 八(나눌 팔-음부분이나 음이 달라졌다). ※옷감을 잘라 옷장에 넣어둔다는 데서 천의 길이 단위로 쓰였다.

◎ 匹馬單騎(필마단기) : 혼자서 한 필의 말을 타다.
◎ 匹夫(필부) : 한 사람의 남자.
◎ 配匹(배필) : 짝.

획순　一　丆　兀　匹

區
구역 구

▷ 구역, 나누다.
【자원】회의. 물건〔品〕을 감추어〔匸〕두는 '작은 칸'을 뜻하며, 행정상의 '구역(區域)'의 뜻으로 쓰인다.

※ 區는 뜻을 나타내는 匸와 뜻을 나타내는 品을 합한 글자이다.

◎ 區區泥泥(구구이니) : 구구한 사정에 얽매이다. 잡다한 생각에 얽매이다.
◎ 區區之心(구구지심) : 자기의 변변치 못한 생각.
◎ 區分(구분) : 구별하여 나누다.

시조감상

朔風(삭풍)은 나무 끝에 불고 명월은 눈 속에 찬데
萬里邊城(만리 변성)에 一長劍(일장검) 짚고 서서
긴 파람 큰 한 소리에 거칠 것이 없어라
－김종서－

金宗瑞 : 1390~1453. 세종 문종 단종을 섬김. 호는 절재(節齋).

十部
열 십

지사.
원래 세로선(丨)에 중간의 점이 찍혀 10을 나타내다가
그 점이 가로 글자(一)로 변하여 十이 되었다 한다.

十
열 십

▷ 열, 10.
【자원】 지사. '丨'은 남북, '一'은 동서. 동서남북 사방을 갖춘 데서 갖추어진 수를 가리킨다. ※ 혹 '一'에서 시작하여 열에서 한 계단이 끝남을 가리키는 '丨'을 덧걸어 '열'을 나타낸 글자라고 하고, 또는 손가락이 다섯 개인 두 팔을 엇걸어 十을 가리킨 글자라고도 한다.

◎ 十年減壽(십년감수) : 십년의 수명이 단축되었다는 뜻으로 대단히 고통스럽고 위험한 상태를 당하였을 때 쓴다.
◎ 十中八九(십중팔구) : 열이면 여덟이나 아홉이 그러하다. 곧 거의 예외없이 그렇다는 말.

千
일천 천

▷ 일천, 많다.
【자원】 지사. 十을 수없이 'ノ' 표 하여 많음을 나타냈다.

※ 혹은 亻(음부분)＋一(뜻부분)으로 한〔一〕 사람〔亻〕, 즉 '1,000'의 뜻. 옛날 중국에서는 엄지손가락은 '100'을, 몸은 '1,000'을 나타냈다(이런 경우에는 형성문자).

◎ 千狀萬態(천상만태) : 각양각색의 상태.
◎ 千秋(천추) : 오랜 세월. 먼 세월.

半
절반 반

▷ 절반, 가운데.
【자원】 회의. 半 전서를 볼 때 牛(소 우)와 八(나눌 팔)로 구성된 글자며, 소〔牛〕를 잡아 나눈다〔八〕는 데서 절반의 뜻이 되었다. ※혹은 소는 큰 짐승이므로 '반'으로 나눌 수 있다 하여 '절반'의 뜻이 되었다고도 한다.

◎ 半世紀(반세기) : 한 세기(100년)의 절반.
◎ 半身不隨(반신불수) : 몸의 어느 한쪽을 잘 쓰지 못하는 것.

ノ ハ ソ 半 半

協
도울 협

▷ 화하다, 복종하다, 돕다.
【자원】 형성. 여러 사람이〔十 - 뜻부분〕 힘을 합하여〔劦 - 음
부분〕 도운다는 뜻.

◎ 協心協力(협심협력) : 마음을 합하고 힘을 합하다.
◎ 協助(협조) : 협력하여 도와주다.

획순   一 十 十 十 忄 忄 協 協 協

博
넓을 박

▷ 넓다, 많다, 통하다.
【자원】 형성, 혹은 지사. 十과 專(펼 부)가 결합한 글자.
많은 것〔十〕을 널리〔專〕 안다는 데서 '통한다'의 뜻이
되었다.

◎ 博物君子(박물군자) : 모든 사물(事物)에 능통한 사람.
◎ 博識(박식) : 여러 사실에 대해 널리 알다.

시조감상

이런들 어떠하며 저런들 어떠하리
萬壽山(만수산) 드렁칡이 얽어진들 어떠하리
우리도 이같이 얽어져 백년까지 누리리라
- 이방원 -

李芳遠 : 1367~1422. 조선 제3대 임금 태종(太宗).
태조(太祖)의 다섯째아들. 신의왕후 한씨가 어머니다.

이 몸이 죽어죽어 一百番(일백번) 고쳐 죽어
白骨(백골)이 塵土(진토)되어 넋이라도 있고 없고
님 향한 一片丹心(일편단심)이야 가실줄이 있으랴
- 정몽주 -

鄭夢周 : 1337~1392. 고려 말의 충신이며 학자.
호는 포은(圃隱). 여말삼은(麗末三隱)의 한 사람.

卜 部

점 복

지사.
거북의 등껍질을 태울 때 나타나는 가로 세로의 선을 본뜬 글자.

卜
점 복

▷ 점치다.
【자원】 지사. 거북의 등껍질을 태울 때 나타나는 가로 세로의 선을 본뜬 글자. 옛 사람들은 이 갈라진 선을 보고 길흉을 판단하였는데, 여기서 '점'의 뜻이 되었다.

◎ 卜術(복술) : 점을 치는 술법(術法).
◎ 卜債(복채) : 점을 쳐준 값으로 주는 돈.

占
점칠 점

▷ 점치다, 점령하다.
【자원】 회의. 卜(점 복)과 口(입 구)로 이루어져 점괘로 길흉을 판단하여 말한다는 뜻을 나타낸다.

◎ 占術(점술) : 점치는 술법.

※ 또 땅〔口〕을 차지하기 위하여 말뚝〔卜〕을 꽂았다는 데서, '점령하다'의 뜻이 되었다.

◎ 占得占用(점득점용) : 점거하여 얻고, 점거하여 사용하다.
◎ 獨占(독점) : 혼자 차지하다.

획순 ｜ ｜ ｜ 占 占

시조감상

백설이 잦아진 골에 구름이 머흘에라
반가운 매화는 어느 곳에 피었는고
석양에 홀로 서 있어 갈 곳 몰라 하노라
-이 색-

李穡 : 1328~1396. 고려 우왕의 사부(師傅)였다.
호는 목은(牧隱)으로 여말삼은(麗末三隱)의 한 사람.

卩(㔾)部   무릎마디, 병부 절

ㄹ. 구부린 무릎마디를 본뜬 글자로 '무릎마디'를 나타내는데,
우리 나라에서는 '병부 절'이라고 일컫는다.
이 글자가 한자의 오른쪽이나 아래쪽에 쓰일 경우 모양이 '㔾'로 바뀐다.

卯
토끼 묘

▷ 토끼, 넷째 지지(방위로는 동쪽).
【자원】 상형. 卯. 두 짝문을 활짝 열어놓은 모양을 본뜬 글자. 겨울을 지나 문을 활짝 여는 2월쯤이면 초목이 자라 무성함을 뜻하였다. 후에 현재의 뜻으로 차용되었다.

　◎ 卯金刀(묘금도) : 유(劉)자를 파자해 부르는 것. 한(漢)나라의 시조(始祖)가 유씨이므로 은어(隱語)로 사용하는 말.
　◎ 卯時(묘시) : 오전 5시~7시 사이.

　획순 ＇ 〔 卯 卯 卯

印
도장 인

▷ 도장, 찍다.
【자원】 회의. 뽀, 㕤(爪 : 손톱 조의 변형)과 卩(병부 절)로 구성하여 손으로 도장을 찍기 위해 무릎을 꿇는다는 뜻. ※또는 손으로 사람의 머리를 눌러 무릎을 꿇리는 데에서〔卩〕 본래는 '잘 따르다'의 뜻이었으나, 누르는 것에서 '도장찍다'의 뜻으로 파생된 것으로 보인다.

　◎ 印刷(인쇄) : 글이나 그림 등을 찍어내다.
　◎ 印朱(인주) : 도장에 묻혀 찍는 주홍빛이 나는 색감.

危
위태할 위

▷ 위태하다, 두렵다, 높다.
【자원】 회의. 𠂊(人의 변형)과 厂(언덕 엄)과 㔾(무릎마디 절)로 이루어져 사람이 언덕에 웅크리고 있는 모습.

　◎ 危險(위험) : 위태롭다.

※ 위태롭다에서 두렵다, 높다로 뜻이 파생되었다.

　◎ 危機一髮(위기일발) : 조금이라도 잘못하면 위험한 순간. 지극히 위급한 순간.

卵
알 란

▷ 알, 기르다.
【자원】 상형. 卵. 개구리알을 본떴다. ※혹은 두 개의 알 주머니가 대칭으로 붙은 것을 본떴다고도 한다.

　◎ 卵白卵黃(난백난황) : 달걀의 흰자와 노른자위.
　◎ 産卵(산란) : 알을 낳다.

厂部

굴바위, 언덕, 기슭 엄
낭떠러지 한

산기슭에 바위가 있고 아래에 공간이 있어 '굴바위' '언덕' 을 뜻함.
※우리 나라에서는 广(집 엄)을 '엄호' 라고 부르는데, 厂은 위에 점이 없다해서
'민엄호' 라고 부르기도 한다. 그러나 독립된 글자로 쓸 경우에는
'굴바위 엄' 이라고 하지 않고, 음을 '한' 이라고 하여 '낭떠러지 한' 이라고 한다.

厄 재앙 액

▷ 재앙, 옹이.
【자원】 나무마디〔㔾〕에 바위턱〔厂〕 같이 생긴 '옹이'를 나타내어 재앙의 뜻으로 파생된 글자.

◎ 厄運(액운) : 액을 당할 운수.
◎ 厄日厄月(액일액월) : 운수가 사나운 날과 사나운 달.

原 근원 원

▷ 근원, 언덕, 들판.
【자원】 회의. 原. 厂(굴바위 엄)과 泉(샘 천)으로 구성하여 바위 틈새에서 솟는 샘은 물줄기의 근본이라는 뜻.

◎ 原因(원인) : 사실의 근본이 되는 까닭.

※ 샘물이 벌판을 흘러간다는 데서 '들' 의 뜻으로도 쓰인다.

◎ 原始時代(원시시대) : 사람이 처음으로 이 지구상에 나타난 시대. 태고의 시대.
◎ 草原(초원) : 풀이 돋아있는 들판.

획순 一 厂 厂 厉 盾 原 原 原

시조감상

오백 년 도읍지를 匹馬(필마)로 돌아드니
산천은 依舊(의구)하되 人傑(인걸)은 간 데 없다
어즈버 太平烟月(태평연월)이 꿈이런가 하노라
- 길 재 -

吉再 : 1353～1419. 고려 우왕 때 문과에 급제.
조선 조정에서 불렀으나 두 왕조를 섬길 수 없다 하여 거절함.
호는 야은(冶隱)으로 여말삼은(麗末三隱)의 한 사람.

厶部

사사로울, 나 사

회의. 厶는 私(사사로울 사)의 처음 글자.

※ 원래는 두 손을 맞잡은 모양을 본떠 '자기의 것'을 나타냈다고 한다. 한편 某(아무개 모) 대신 쓰는 경우도 있다. 이 때는 음을 '사'라 하지 않고 '모'라고 한다.

去 갈 거

▷ 가다, 버리다, 떠나다.

【자원】 사람[土=大]이 밥그릇[厶=凵]을 버리고 간다는 뜻.

◎ 去留(거류) : 떠남과 머무름. 죽음과 삶.
◎ 去就(거취) : 벼슬길에 나아감과 물러남. 일신(一身)의 진퇴(進退).
◎ 過去(과거) : 이미 지나간 때.

※ 뜻이 버리다, 떠나다, 혹은 없애다로 파생되었다.

◎ 去去益甚(거거익심) : 가면 갈수록 점점 더 심하다.
◎ 去頭截尾(거두절미) : 머리와 꼬리를 자르다. 일의 원인과 결과를 빼고 요점만 말하다.
◎ 除去(제거) : 없애 버리다.

參 참여할 참

▷ 참여하다, 뵙다. 〔삼〕 - 셋.

【자원】 형성. 晶(晶 : 빛날 정 - 뜻부분)과 '㐱'(머리 검을 진 - 음부분)으로 구성되었다. 밤하늘[㐱 : 검다는 뜻]의 별들[晶]이 함께 빛나다는 뜻에서 참여함을 나타냈다.

◎ 參見(참견) : 남의 일에 간섭하다.
◎ 參席(참석) : 어떤 자리나 모임에 참여하다.

※ 혹은 검은머리 위에서 별 세 개가 빛나는 것을 나타낸 글자로 별이 셋이라는 데서 '셋〔음 - 삼〕'으로 쓰인다.

◎ 參參伍伍(삼삼오오) : 여기에 서너 사람, 저기에 대여섯 사람 등으로 서로 조금씩 떼지어 흩어져 있는 모양.

획순 ㄥ ㄥ ㄥ 厽 厽 厽 參 參

又部

또, 오른손 우

상형.
오른손을 본뜬 글자.

又 / 또 우

▷ 또, 오른손.
【자원】 상형. ㋨. 오른손을 본뜬 글자. 오른손은 자주 쓰인다는 데서 '또' '다시'의 뜻이 되었다.

◎ 又驚又喜(우경우희) : 놀란 후에 또 기뻐하다. 놀라기도 하고 기뻐하기도 한다.
◎ 又生一秦(우생일진) : 또 한 사람의 적이 생기다.

※ '돕다'라는 뜻으로 파생되었다. 간혹 支(칠 복)을 줄여 '又'로 쓸 때가 있다.

◎ 又重之(우중지) : 더욱이.
◎ 又況(우황) : 하물며.

及 / 미칠 급

▷ 미치다, 이르르다.
【자원】 회의. ㋙. 人(=ㄱ)과 又(오른손 우)로 이루어진 글자로 사람을 따라잡는 모양을 나타낸다.

◎ 及第(급제) : 시험에 합격하다. 과거에 합격하다.
◎ 及追(급추) : 뒤쫓아가 미치다.
◎ 波及(파급) : 어떤 일의 영향이 차차 다른 데로 미치는 것.

획순 ノ ア 乃 及

反 / 돌이킬 반

▷ 돌이키다, 되풀이하다, 반대하다.
【자원】 넓적한 돌〔厂 : 바위 엄〕을 손〔又〕으로 엎었다 뒤집었다 한다는 데서 돌이키다, 뒤집다의 뜻이 되었다.

◎ 反感(반감) : 거역하고자 하는 마음.
◎ 反復無常(반복무상) : 언행을 이랬다 저랬다 하여 일정한 주장이 없는 것.
◎ 反省(반성) : 돌이켜서 생각하다.

友
벗 우

▷ 벗, 친하다.
【자원】 회의. ♥. 𠂇(왼손 좌)와 又(오른손 우)로 이루어져 서로 손을 맞잡고 친하게 지낸다, 혹은 서로 돕는다 하여 '벗' 또는 '친하다'의 뜻을 나타내게 되었다.

◎ 友軍(우군) : 자기와 한편인 군대.
◎ 朋友有信(붕우유신) : 벗끼리는 믿음이 있어야 한다. 벗의 도리는 믿음에 있다는 것을 뜻한다. 오륜(五倫)의 하나.

取
가질 취

▷ 가지다, 거두다, 취하다.
【자원】 회의. 耳(귀 이)와 又(오른 손)로 이루어져, 옛날 전쟁에서 적을 죽인 표시로 그 귀[耳]를 손[又]으로 잘라 온 데서 '얻다'의 뜻이 되었다.

◎ 取得(취득) : 손에 넣다.
◎ 取食之計(취식지계) : 근근히 밥이나 먹고 살아가는 꾀.

受
받을 수

▷ 받다, 얻다, 담다.
【자원】 형성. ⺤(＝爪 : 손톱 조 - 뜻부분)와 冖(舟〈술잔받침 주〉의 변형 - 뜻과 음부분)으로 이루어진 글자. 윗사람이 주는 술잔을 '받는다'는 뜻.

◎ 受命而不辭家(수명이불사가) : 왕의 명령을 받고 출정할 때에는 집에 가서 이별을 고하지 않고 그냥 떠나는 것이 장수의 도리라는 것.
◎ 受賞(수상) : 상을 받다.

획순 ⺍ ⺍ ⺤ ⺤ ⺤ ⺤ 受 受

시조감상

눈맞아 휘어진 대를 뉘라서 굽다던고
구불 節(절)이면 눈 속에 푸를소냐
아마도 歲寒孤節(세한고절)은 너뿐인가 하노라
- 원천석 -

元天錫 : 연대 미상. 고려 말의 은사(隱士).
왕자 시절의 태종을 가르쳤다.
태종이 즉위하여 불렀으나 응하지 않았다. 호는 운곡(耘谷).

口部

입, 말할, 인구 구

상형.
입 모양을 본뜬 글자. ※口가 부수로 쓰인 글자의 뜻은
'입'이나 혹은 '입으로 하는 동작' 따위와 관련이 있다.

可 옳을 가

▷ 가하다, 옳다, 허락하다.
【자원】형성. 丁(＝丂 : 재주 교-음부분)와 口(입 구-뜻부분)로 구성되어 구변이 뛰어나다는 데서 옳다는 뜻이 되었다. ※혹은 웃을 때 숨이 막히지 않고[丁] 목구멍[口]으로 나오듯이 '허락한다'는 뜻에서 '옳다'의 뜻이 되었다고도 한다.

◎ 可居之地(가거지지) : 가히 살 수 있는 곳.
◎ 可否(가부) : 옳고 그름의 여부.

史 역사 사

▷ 역사, 사관.
【자원】회의. . 中(가운데 중)과 又(오른손 우)로 이루어져 손[又]에 붓을 들고 사실을 바르게[中] 기록하는 사람, 또는 그 역사를 뜻한다.

◎ 史家(사가) : 역사를 연구하는 사람.
◎ 史有三長(사유삼장) : 역사를 쓰는 데는 재(才), 학(學), 식(識)의 세 가지 장점을 갖추어야 한다는 뜻.

획순 丨 口 口 史 史

召 부를 소

▷ 부르다, 청하다.
【자원】칼[刀] 같이 위엄있는 말[口]로 '부른다'는 뜻.

◎ 召命臣下(소명신하) : 임금의 명령을 받은 신하.
◎ 召集(소집) : 불러서 모으다. 국회를 열기 위해 의원을 불러 모으다.

合 합할 합

▷ 합하다, 모으다, 맞다.
【자원】회의. 모든 사람[人]의 말[口]을 하나[一]로 일치시켜 모은다는 뜻.

◎ 合同(합동) : 여럿이 모여 하나가 되어 함께 하다.
◎ 合意(합의) : 서로 의사가 맞다.
◎ 合從連橫(합종연횡) : 소진(蘇秦)이 주창한 합종설과 장의(張儀)가 주창한 연횡설로 서로 동맹하는 것을 뜻한다.

吉
길할 길

▷ 길하다, 상서롭다, 좋다.
【자원】 회의. 士(선비 사)와 口(입 구)가 합쳐진 글자. 선비〔士〕의 말〔口〕은 상서롭고 좋다는 데서 '길하다' '착하다'의 뜻이 되었다.

◎ 吉祥善事(길상선사) : 경사스러운 일.
◎ 吉凶(길흉) : 좋은 일과 언짢은 일. 행복과 재앙.

吐
토할 토

▷ 토하다, 뱉다.
【자원】 형성. 땅〔土〕에 음식을 토해낸다〔口〕는 뜻으로 口(입 구)는 뜻을 土(흙 토)는 음을 나타낸다.

◎ 吐哺捉髮(토포착발) : 밥을 먹거나 머리를 감는데 손님이 오면 먹던 밥을 뱉고 감던 머리를 쥐고 바로 나가 마중하다. 곧 어진이를 환대하고 환영한다는 고사.
◎ 實吐(실토) : 사실대로 말하다.

告
고할 고

▷ 고하다, 알리다, 여쭈다. 〔곡〕 - 뵙고 청하다.
【자원】 회의. 소〔牛 : 소 우〕를 잡아 신에게 고한다〔口 : 입 구〕는 뜻.

◎ 告白(고백) : 숨긴 일이나 생각하는 바를 그대로 솔직히 말하다.
◎ 告往知來(고왕지래) : 과거를 말하면 곧 장래까지도 짐작할 수 있다. 이미 말한 것을 듣고서 아직 말하지 않은 일까지도 미루어 알다.

획순 ′ ト 斗 牛 告 告 告

和
화할 화

▷ 화하다, 온화하다, 화목하다.
【자원】 형성. 禾(벼 화 - 음부분)와 口(입 구 - 뜻부분)로 이루어진 글자로 먹고 사는 일에서 벼와 입은 떨어질 수 없는 사이라는 뜻. ※혹은 벼〔禾〕로 밥을 지어 같이 먹으니〔口〕 '화목하다' 는 뜻이 되었다고도 한다.

◎ 和氣靄靄(화기애애) : 온화한 기운이 넘쳐 흐르는 모양.
◎ 和睦(화목) : 서로 뜻이 맞고 정답다.

囗部

에울, 에워쌀 위

상형. 어떠한 범위나 경계를 나타내기 위하여 둘러싼
울타리 모양을 본뜬 글자. ※우리 나라에서는 흔히 '에운 담'이라고 일컫는다.
가끔 國(나라 국)의 고자(古字)로 쓰는데, 이 때는 '국'으로 읽는다.

囚 가둘 수

▷ 가두다, 갇히다.

【자원】 회의. 囗(에울 위)와 人(사람 인)으로 구성되어,
사람이 사방으로 둘러쳐진 곳에 갇혀 있다는 뜻이 되
었다.

- ◎ 囚首喪面(수수상면) : 죄수처럼 머리를 빗지 않고 상주(喪
  主)와 같이 세수를 하지 않은 누추한 모습.
- ◎ 囚役(수역) : 죄수에게 시키는 일.
- ◎ 罪囚(죄수) : 형벌을 받고 있는 죄인.

四 넉 사

▷ 넷, 사방, 네 면.

【자원】 회의. 나라의 경계를 나타낸 囗(에울 위)와 八(나눌
팔)로 구성되어 동서남북 사방으로 나누었다는 데서
'넷'의 뜻이 되었다. ※원래는 넷을 나타내는 데는 가로
획을 네 개 그었는데 '三'과 혼동하기 쉬워 전국시대
이후 '四'를 쓰게 되었다고 한다.

- ◎ 四顧無親(사고무친) : 의지할 곳이 한 곳도 없는 것.
- ◎ 四分五裂(사분오열) : 여러 갈래로 분열되다.
- ◎ 四書(사서) : 유학의 경전인 논어, 맹자, 중용, 대학을 말한다.
- ◎ 四聖(사성) : 석가(釋迦), 공자(孔子), 예수, 소크라테스
- ◎ 四時(사시) : 봄 여름 가을 겨울. 또 아침 낮 저녁 밤.
- ◎ 四柱單子(사주단자) : 혼인을 정하고 난 뒤에 신랑집에서
  신부집으로 보내는 사주를 적은 것.
- ◎ 四通八達(사통팔달) : 길이 사방으로 통하다.
- ◎ 四海兄弟(사해형제) : 서로 존경하여 사귀면 천하 사람은
  모두 친하여져서 정의가 형제와 같이 두텁게 된다는 뜻.
  전(轉)하여 세계 사람은 다 형제같다는 뜻으로 쓰인다.

획순 | 冂 冂 四 四

國
나라 국

▷ 나라.
【자원】 회의. 口(입 구 : 백성의 뜻)와 戈(창 과)와 □(에울 위 : 경계의 뜻)와 一(한 일)로 구성되어 모든 백성이 창을 들고 하나의 마음으로 나라의 경계를 지킨다는 데서 '나라'의 뜻이 되었다. ※또는 一을 국경이라고 보고 국경선[□]에 적이 침입하지 못하도록 무기[戈]를 들고 국민[口]과 국토[一]를 지킨다는 데서 '나라'의 뜻이 된 글자로도 본다.

◎ 國泰民安(국태민안) : 나라가 편안하고 백성이 편안하다. 태평세월.
◎ 祖國(조국) : 조상 때부터 살던 나라.

획순 丨 冂 冋 冋 國 國 國 國

圓
둥글 원

▷ 둥글다, 둘레.
【자원】 형성. □(에울 위-뜻부분)와 員(인원 원-음부분)으로 구성된 글자. ※혹은 둘레[□]가 둥글다[員]는 뜻으로 된 글자로도 본다. 한편 옛날의 돈이 둥글었던 데서 '화폐의 단위'로도 쓰였다.

◎ 圓頭方足(원두방족) : 둥근 머리와 모난 발. 곧 사람을 뜻한다.
◎ 圓形(원형) : 둥근 모양.
◎ 百圓(백원) : 100원.

시조감상

방 안에 혔는 촛불 눌과 이별하였관대
겉으로 눈물지고 속타는 줄 모르는다
우리도 천리에 님 이별하고 속타는 듯하여라
-이 개-

李塏 : 1417~1456. 세종 때 문과에 급제. 훈민정음 찬술에 참여.
사육신(死六臣)의 한 사람.
호는 백옥헌(白玉軒). 시호는 충간(忠簡).

土部

흙, 땅 토

상형. ㅗ. 땅 위의 흙덩이 모양을 본뜬 글자.

※혹은 초목의 싹이 흙덩이를 뚫고 솟아나는 모양을 본뜬 글자로도 본다.

※土가 부수로 쓰인 글자는 '흙'이나 '땅', 혹은 그와 연관되는 의미의 뜻이 된다.

壬
줄기 정

▷ 줄기, 곧다. 〔제〕-맑다. 〔청〕-착하다.

【자원】 壬. 땅 위로 나무줄기가 곧게 올라간 모습을 본뜬 글자.

❖ 이 글자는 壬(土〈선비 사〉部의 천간 임)과 구별을 확실하게 해야 한다

在
있을 재

▷ 있다, 살다, 곳.

【자원】 형성. 才(才〈재주 재〉의 변형-음부분)와 土(흙 토-뜻부분)로 구성된 글자. '才'는 싹이 돋아나는 모양을 본뜬 글자로 흙〔土〕 위로 새싹이 돋아 '있다'는 뜻.

◎ 在家無日(재가무일) : 분주하게 돌아다녀 집에 있을 시간이 없다.

◎ 在學(재학) : 학교에 적을 두고 공부하고 있다.

❖ 有(유) : ~이 있다. 存(존) : ~~ 에 있다.

地
땅 지

▷ 땅, 바탕, 처지.

【자원】 형성. 地. 土(흙 토-뜻에 관련되는 부분)와 也(어조사 야-뱀을 나타내며 음과 뜻에 관련되는 부분)로 구성되어, 지형〔土〕이 마치 큰 뱀〔也〕이 서리고 있는 것과 같다는 데서 '땅'을 뜻하게 된 글자.

◎ 地理不如人和(지리불여인화) : 지형이 유리한 산과 물의 좋은 위치도 사람의 마음이 일치한 것만 못하다는 뜻.

◎ 地形(지형) : 땅의 모양.

※ 뜻이 바탕, 처지 등으로 파생되었다.

◎ 地位(지위) : 처지. 위치. 신분.

획순 ㅡ 十 土 圤 圦 地

均 고를 균

▷ 고르다, 평평하다.

【자원】 형성. 土(흙 토−뜻부분)와 勻(고를 균−음과 뜻부분)으로 구성되어, 흙[土]을 고르게[勻] 한다는 데서 '고르다' '평평하다'의 뜻이 되었다.

- ◎ 均等(균등) : 고르고 가지런하여 차별이 없음.
- ◎ 均輸法(균수법) : 한(漢)나라 무제(武帝) 때의 재정정책의 하나.
- ◎ 平均(평균) : 많고 적음이 없이 고르다.

坐 앉을 좌

▷ 앉다, 자리.

【자원】 회의. 흙[土] 위에 두 사람[人·人]이 마주 '앉다'는 뜻의 글자.

- ◎ 坐不安席(좌불안석) : 불안, 근심으로 초조하여 오래도록 한 곳에 앉아있지 못하는 모양.
- ◎ 坐席(좌석) : 앉는 자리.

垂 드리울 수

▷ 드리우다, 거의.

【자원】 . 전서로 보아 흙[土] 위에 식물[屮]이 잎을 드리우고 있는 모양을 본뜬 글자.

- ◎ 垂簾聽政(수렴청정) : 신하와 얼굴을 마주하는 것을 꺼려 발을 드리우고 정사를 살피다. 곧 태황후(太皇后)가 어린 임금을 대신하여 정사를 보는 일.
- ◎ 垂直(수직) : 직선(直線)과 직선이 닿아 직각(直角)을 이룬 상태.

城 재 성

▷ 재, 성, 보루.

【자원】 형성. 흙[土]으로 쌓아서 이루어진[成 : 이룰 성] 보루, 즉 성이라는 뜻의 글자.

- ◎ 城壁(성벽) : 성의 담벼락.
- ◎ 城下之盟(성하지맹) : 적군이 성 밑까지 쳐들어와 항복하고 체결하는 맹약. 곧 굴욕적인 강화조약.
- ◎ 城隍堂(성황당) : 성(城)을 지키는 혼신(魂神)을 모신 집.

획순　一　十　土　圹　圹　垆　城　城　城

士部

선비 사

회의. 十(열 십)과 一(한 일)로 구성.
하나(一)를 배우면 열(十)을 깨우치는 것이 선비(士)라는 뜻을 나타낸 글자.

士
선비 사

▷ 선비, 사내, 벼슬, 군사.
【자원】 회의. 十(열 십)과 一(한 일)로 구성. 하나(一)를 배우면 열(十)을 깨우치는 것이 선비(士)라는 뜻을 나타낸 글자. 우리 나라에서는 벼슬하기 전의 양반, 즉 공부하는 학도(學徒)의 의미로도 쓰였다.

◎ 士爲知己者死(사위지기자사) : 선비는 자기의 인격을 알고 존중하여 주는 사람을 위하여 죽는다. 곧 그에 대한 보답을 한다는 것.
◎ 名士(명사) : 이름난 선비. 혹은 명성이 잘 알려진 사람.

壬
천간 임

▷ 아홉번째 천간, 간사하다.
【자원】 상형. 壬. 임신한 여자가 서있는 모양을 본뜬 글자로, 원래는 '짊어지다'의 뜻이었다. ※방위로는 북쪽을 나타내며, 王(土부의 줄기 정)과 주의할 것.

◎ 壬方(임방) : 서쪽에서 약간 북방에 가까운 방위.
◎ 壬坐丙方(임좌병방) : 임방(壬方 : 북쪽)에서 병방(丙方 : 남쪽)으로 향하다.

壯
굳셀 장

▷ 날쌔다, 씩씩하다.
【자원】 형성. 爿(널조각 장 - 음과 뜻부분)과 士(남자 사 - 뜻부분)이 결합한 구조. 무기(爿)를 들고 적을 막는 사나이(士)가 '씩씩하다'는 뜻.

◎ 壯年(장년) : 혈기왕성한 3, 40세 경의 나이.
◎ 壯士(장사) : 기개와 체질이 굳센 사람.
◎ 壯元(장원) : 과거(科擧)에서 갑과(甲科)에 첫째로 급제하다. 또는 그 사람.

획순 ｜ 丬 丬 爿 壯 壯 壯

夂部

뒤져올 치

止(그칠 지)를 뒤집은 글자로 '뒤에서 밀어 보낸다'는 의미를 띠고 있는 글자.
※혹은 비탈길을 걸어갈 때의 발의 모습을 나타낸다고 한다.
다음 조(條)의 부수인 夊(천천히걸을 쇠)가
글자의 아랫부분에 주로 쓰이는 반면, 이 글자는 윗부분에 쓰인다.

夆 만날 봉

▷ 만나다, 끌어당기다.
【자원】 형성. 夂〔걷다 – 뜻부분〕과 丰(무성할 봉 – 음부분)으로 구성되어, 풀이 무성한 곳을 걸어간다는 뜻.

❖ 峯, 烽, 蓬, 蜂, 鋒 등은 모두 음(音)이 '봉'이다.

획순 ′ 夂 夂 夆 夆 夆 夆

夊部

천천히걸을 쇠

발을 길게 끄는 모양을 나타내어 '천천히 걷다'의 뜻으로 쓰이는 글자.
※ 독립된 글자로 쓰이지는 않는다. 주로 아랫부분에 쓰인다.

夏 여름 하

▷ 여름, 크다.
【자원】 회의. 百(＝頁〈머리 혈〉의 획줄임)과 夊(천천히걸을 쇠)로 구성되어 더위에 사람〔頁〕이 천천히 걷는 모습을 나타낸 글자.

※ 또는 더워서 머리와 몸통 및 다리〔夊〕를 드러내는 '여름'을 뜻한 글자라고도 한다.

◎ 春夏秋冬(춘하추동) : 봄 여름 가을 겨울.

획순 一 丆 丆 丙 百 頁 夏 夏 夏

夕部
저녁, 저물 석

지사.
해가 진 뒤 초저녁 밤에 희미하게 떠있는 달을 의미한 글자.

夕
저녁 석

▷ 저녁, 저물다.
【자원】※‘月(달 월)’에서 ‘一’이 하나 없는 모양으로 완전한 달이 아닌 황혼 무렵이라는 데서 ‘저녁’을 뜻하게 된 글자이다.

◎ 夕陽(석양) : 저녁나절의 해. 노년(老年)의 비유.
◎ 夕陽天(석양천) : 저녁 때의 하늘.
◎ 朝夕(조석) : 아침과 저녁.

多
많을 다

▷ 많다.
【자원】회의. 夕(저녁 석)을 두 개 합쳐 저녁이 한없이 계속됨을 나타낸 글자. ※어젯밤과 오늘 그리고 내일 밤이 거듭되어 날짜가 ‘많아진다’는 뜻이다. 혹은 肉(고기 육)의 변형이 겹친 모양으로 고기가 ‘많음’을 나타낸 글자라고도 한다.

◎ 多多益善(다다익선) : 많으면 많을수록 더욱 좋다.
◎ 多數決(다수결) : 회의에서 많은 수의 의견을 따라 가부(可否)를 결정하는 방법.
◎ 許多(허다) : 몹시 많다.

夜
밤 야

▷ 밤, 어둡다.
【자원】형성. 亦(亦 : 또 역 - 음부분)과 夕(저녁 석 - 뜻부분)으로 구성되어 초저녁〔夕〕이면 또한〔亦〕‘밤’이 온다는 뜻.

◎ 夜光珠(야광주) : 밤에 빛이 나는 구슬.
◎ 夜以繼日(야이계일) : 낮과 밤을 쉬지 않고 계속하다.
◎ 月夜(월야) : 달밤.

획순 　丶　亠　广　疒　夜　夜　夜　夜

大部
큰 대

상형.
大 . 사람이 팔다리를 크게 벌리고 서있는 모양을 본떠 '크다'는 뜻을 나타낸 글자.

天
하늘 천

▷ 하늘, 하느님.
【자원】 지사. 一(한 일)과 大(큰 대)로 구성되어 제일 큰 곳을 뜻한 글자. ※혹은 서있는 사람의 모양인 大에, 그 머리 위에 있는 것[一]이 '하늘'이란 뜻을 나타낸다고도 하고, '大' 위에 '一'을 더하여 더 이상 큰 것이 없음을 뜻하는 글자로 보기도 한다.

- ◎ 天生配匹(천생배필) : 하늘이 맺어준 배필(配匹).
- ◎ 天心(천심) : 하느님의 마음.
- ◎ 天地(천지) : 하늘과 땅.

夫
사내 부

▷ 사내, 남편.
【자원】 회의. 사람[大]의 머리에 꽂는 동곳[一]으로 이루어진 글자. '一'은 상투에 꽂은 동곳이며, '大'는 사람을 앞에서 본 모양. 상투머리 한 결혼한 '사내'에서 '남편'을 뜻하게 된 글자.

- ◎ 夫婦有別(부부유별) : 남편과 아내는 분별이 있어야 한다는 오륜(五輪)의 하나.
- ◎ 夫唱婦隨(부창부수) : 남편이 부르고 아내는 따르다. 부부가 화목하는 상태.
- ◎ 丈夫(장부) : 장성한 남자.

획순 一 二 夫 夫

央
가운데 앙

▷ 가운데.
【자원】 회의. 冂(성곽 경)과 大(큰 대 : 사람의 모양)로 구성되어, 성곽 가운데 사람이 팔을 벌리고 있는 것을 나타낸 글자.

- ◎ 央央(앙앙) : 넓고 넓은 모양. 선명한 모양.
- ◎ 中央(중앙) : 한가운데.

<table>
<tr><td>

夷
오랑캐 이

</td><td>

▷ 오랑캐, 동방 종족.
【자원】 회의. 大(큰 대 : 사람의 뜻)와 弓(활 궁)으로 이루
어져 사람이 활을 메고 서있는 모습을 나타낸 글자.

◎ 夷蠻戎狄(이만융적) : 사방의 모든 오랑캐. 곧 미개민족들.
◎ 東夷(동이) : 동쪽 오랑캐. 즉 우리 나라를 일컫는다.

</td></tr>
</table>

<table>
<tr><td>

奇
기이할 기

</td><td>

▷ 기이하다, 이상하다.
【자원】 大(큰 대)와 可(가히, 옳을 가)로 구성되어, 가히 커
서 '기이하다' 할 만하다는 뜻.

◎ 奇想天外(기상천외) : 상식을 벗어난 엉뚱한 생각.
◎ 奇蹟(기적) : 사람의 힘으로 할 수 없는 기이한 일.

획순　一 ナ 大 ち 夵 夯 奇 奇

</td></tr>
</table>

<table>
<tr><td>

奪
잃을 탈

</td><td>

▷ 빼앗다, 잃다.
【자원】 大(큰 대)와 隹(새 추)와 寸(마디 촌)으로 구성되
어, 손〔寸 : 손마디〕에 있던 새〔隹〕가 날개를 활짝 펴
고〔大〕 날아가 버렸다는 데서 '잃다, 빼앗다' 등의 뜻
이 되었다.

◎ 奪利爭名(탈리쟁명) : 이로운 것을 취하고 명예를 다투다.
◎ 收奪(수탈) : 빼앗아 들이다. 착취.

</td></tr>
</table>

시조감상

철령 높은 봉에 쉬어 넘는 저 구름아
孤臣冤淚(고신원루)를 비삼아 띄어다가
님 계신 九重深處(구중심처)에 뿌려본들 어떠리
― 이항복 ―

李恒福 : 1556~1618. 선조 때 알성문과에 급제. 정여립(鄭汝立)
난을 평정하고 다섯 번이나 병조판서가 되었다.
광해군 때 북청(北靑)에 유배되었다. 호는 백사(白沙).

女部

계집 녀

상형.
손을 모으고 무릎을 꿇고 앉아있는 여자를 본뜬 글자.

女
계집 녀

▷ 계집, 여자, 딸.
【자원】 상형. ⿁. 손을 모으고 무릎을 꿇고 있는 얌전한 여자의 모양을 본뜬 글자. ※‘女’가 단어나 문장의 맨 앞에 오면 ‘여’로 쓰고 읽는다. 뜻이 파생되어 ‘딸’로도 쓰인다.

- ◎ 女王(여왕) : 여자 임금.
- ◎ 女中丈夫(여중장부) : 여장부(女丈夫).
- ◎ 子女(자녀) : 아들과 딸.

好
좋을 호

▷ 좋다, 사이좋다.
【자원】 회의. 女(여자 녀)와 子(아들 자)로 구성되어, 여자〔女〕가 아들〔子〕을 안고 ‘좋아한다’는 뜻. ※또는 여자〔女〕와 남자〔子〕가 좋아한다는 뜻이라고도 한다.

- ◎ 好奇心(호기심) : 기이한 것을 좋아하는 마음.
- ◎ 好事多魔(호사다마) : 좋은 일에는 마(魔)가 들기 쉽다.

如
같을 여

▷ 같다, 어찌, 만약.
【자원】 형성. 女(계집 녀-음부분)와 口(입 구-뜻부분)로 구성. 여자〔女〕의 입〔口〕이 지껄이기를 좋아하기는 ‘마찬가지’라는 뜻. ※또는 여자〔女〕는 부모, 남편의 말〔口〕에 따라 ‘그와 같이 한다’는 뜻의 글자. 뜻이 파생되어 ‘어찌’‘만약’으로도 쓰인다.

- ◎ 如此(여차) : 이와 같다.
- ◎ 如兄如弟(여형여제) : 친하기가 형제와 같다. 아주 절친한 사이.

획순 ㄥ 女 女 如 如 如

<table>
<tr><td>妥
타협할 타</td><td>▷ 타협하다, 평온하다.
【자원】 회의. 爪(손톱 조)와 女(계집 너)로 구성되어 손으로 여자를 어루만져 평온하게 한다는 뜻.
◎ 妥當(타당) : 사리에 마땅하다.
◎ 妥協(타협) : 두 편이 서로 좋도록 협의하여 조처하다.</td></tr>
</table>

<table>
<tr><td>妻
아내 처</td><td>▷ 아내, 시집보내다.
【자원】 회의. 十(＝屮 : 싹날. 철)과 ⺕(손 우)와 女(계집 너)로 구성되어, 풀로 만든 빗자루(屮)를 손(⺕)에 들고 청소하는 여자(女)는 '아내'라는 뜻.
◎ 妻子(처자) : 아내와 자식.
◎ 妻子眷屬(처자권속) : 처자와 권속. 가족과 일가.</td></tr>
</table>

획순 一 亅 ⺕ ⺕ 쿤 妻 妻 妻

<table>
<tr><td>姓
성씨 성</td><td>▷ 성씨, 백성.
【자원】 형성. 女(여자 너 – 뜻부분)와 生(날 생 – 음부분)으로 이루어져, 여자(女)에게서 태어난(生) 같은 씨족의 뜻. 모계(母系) 사회였음을 알 수 있다.
◎ 姓氏(성씨) : 성과 씨(氏).
◎ 同姓(동성) : 같은 성.</td></tr>
</table>

시조감상

세상 사람들아 父母恩德(부모은덕) 아나산다
부모 곧 아니면 이 몸이 있을소냐
生死葬祭(생사장제) 예절로써 始終(시종) 같게 섬겨서라
– 박인로 –

朴仁老 : 1561~1642. 임진왜란 때 의병장 정세아 휘하에서,
또 수군절도사 성윤문의 막료로 종군하였다.
인조 32년에 무과에 급제. 호는 노계(蘆溪).

子部

아들, 씨 자

상형.
♀. 양팔을 벌리고 있는 어린아이를 본뜬 글자.

子
아들 자

▷ 아들, 열매, 씨.

【자원】 상형. ♀. 양팔을 벌리고 있는 어린아이를 본뜬 글자. ※ 子는 남녀 구분 없이 '자식'을 뜻했으나, 후세에 오면서 흔히 '남자 자식'을 나타내게 되었다. 그외에 열매, 씨, 어조사, 첫째 지지, 남자의 경칭, 너 등의 뜻으로 쓰인다.

◎ 子女(자녀) : 아들과 딸.
◎ 子子孫孫(자자손손) : 자손(子孫)의 여러 대(代).

孔
구멍 공

▷ 구멍, 통하다, 성씨.

【자원】 子(아들 자)와 乙(새 을 : 어머니의 앞가슴)로 구성되어, 자식이 어머니의 젖을 빨고 있는 모습에서 젖꼭지 구멍을 뜻한 글자.

◎ 孔門十哲(공문십철) : 공자의 제자 중에서 학문이나 덕행이 뛰어난 열 사람.
◎ 毛孔(모공) : 털 구멍.

孝
효도 효

▷ 효도, 부모 잘섬기다.

【자원】 회의. 耂(=老 : 늙을 로)와 子(아들 자)로 구성되어, 부모[耂]를 아들[子]이 업고 있다하여 '효도한다'는 뜻이 된다.

◎ 孝女(효녀) : 효도하는 딸.
◎ 孝衰於妻子(효쇠어처자) : 애정이 아내와 자식에게 이끌려 효도가 쇠퇴하는 것.

획순　一　十　土　耂　耂　孝　孝

<table>
<tr><td>季
계절 계</td><td>

▷ 계절, 철, 끝.
【자원】 회의. 禾(벼 화)와 子(아들 자)로 구성되어 벼 모종을 뜻하며, 제 때에 모내기를 해야한다는 데서 '계절'을 뜻한다. 또 어린〔子〕 벼〔禾〕는 늦게 나오므로 '끝'을 뜻하기도 한다.

</td></tr>
</table>

◎ 季氏(계씨) : 남의 아우를 높여 이르는 말.
◎ 季節風(계절풍) : 계절에 따라 일정한 방향으로 부는 바람.
◎ 四季(사계) : 네 계절.

<table>
<tr><td>學
배울 학</td><td>

▷ 배우다, 공부하다, 학문.
【자원】 형성. 臼(양손잡을 국-음과 뜻부분)과 爻(본받을 효-뜻부분)와 冖(덮을 멱-뜻부분)과 子(아들 자-뜻부분)로 구성되어, 자식이 책상머리에 앉아 두 손으로 숫자를 배우고 있는 모습을 본뜬 글자.

</td></tr>
</table>

◎ 學校(학교) : 학문을 가르치고 배우는 곳.
◎ 學生(학생) : 학문을 배우는 생도
◎ 學而知之(학이지지) : 배워서 아는 사람들.

시조감상

三千罪惡(삼천죄악) 중에 불효에 더는 없다
夫子(부자)의 이 말씀 萬古(만고)에 大法(대법)삼아
아무리 下愚不移(하우불이)도 미처 알게 하렸도다
　　　　　　　　　　　　　　　- 박인로 -

萬鈞(만균)을 늘려내어 길게길게 노를 꼬아
구만리 長天(장천)에 가는 해를 잡아매어
北堂(북당)의 鶴髮雙親(학발쌍친)을 더디 늙게 하리다
　　　　　　　　　　　　　　　- 박인로 -

宀部

집(갓머리) 면

宀. 집의 지붕과 두 벽면의 모양을 본뜬 글자.

守
지킬 수

▷ 지키다, 살피다.
【자원】 회의. 宀(집 면)과 寸(마디 촌)으로 구성되어, 집을 지을 때와 보수할 때 손이 안가는 곳이 없다는 뜻으로 살피다, 지키다는 뜻이 되었다. ※사당(宀)에서 무기를 손(寸)에 잡고 '지킴'을 뜻한다고도 한다.

◎ 守口如瓶(수구여병) : 병에 마개를 꼭 막듯이 입을 다물다는 뜻으로 말을 대단히 삼가하다.
◎ 守備(수비) : 지켜 방비하다.

宅
집 택

▷ 집, 자리. 〔댁〕 - 댁
【자원】 宀(집 면)과 乇(맡길 탁 : 땅속에 뿌리를 내리고 싹이 돋는 모양)으로 구성되어, 사람이 뿌리를 내리고 살고 있는 집을 뜻한다.

◎ 宅里(택리) : 사는 집의 마을.

획순　 ′ ″ 宀 宀 宅 宅

定
정할 정

▷ 정하다, 편안하다, 고요하다.
【자원】 형성. 宀(집 면 - 뜻부분)과 疋(=正 : 바를 정 - 음과 뜻부분)으로 구성되어, 집안(宀)의 법도가 바르게(正) 서있다는 뜻. ※또는 집(宀)이란 똑바르게(正) 세워져야 무너지지 않고 '안정'되며, 그곳에 사는 사람이 '안전'하다는 뜻으로 된 글자라고도 한다.

◎ 定名論(정명론) : 사람의 운명은 날 때부터 정해져 사람의 힘으로는 어쩔 수 없다는 말.
◎ 安定(안정) : 안전하게 자리잡다.

<table>
<tr><td>宙
우주 주</td><td>

▷ 우주, 집, 하늘.

【자원】 형성. 宀(집 면 - 뜻부분)과 由(말미암을 유 : 열매가 꼭지에 매달린 모양 - 음과 뜻부분)로 구성되어, 하늘에 있는 해와 별, 그리고 지구와 달이 흡사 매달려 있는 열매와 같이 정확하게 돌아간다는 데서 우주 천체를 의미하는 글자로 쓰인다. ※또는 천체가 매달린〔由〕 듯한 공간을 지붕〔宀〕에 비유하여 '하늘'이라는 뜻을 나타낸 글자로 보기도 한다.

◎ 宇宙(우주) : 모든 천체를 포함하는 전 공간.
</td></tr>
</table>

<table>
<tr><td>家
집 가</td><td>

▷ 집, 집안.

【자원】 회의. 宀(집 면)과 豕(돼지 시)로 구성되어, 집안〔宀〕에 돼지를 함께 기르며 살았다는 뜻. ※혹은 돼지〔豕〕 우리〔宀〕를 뜻하다가 후에 사람이 사는 '집'의 뜻으로 썼다고도 한다.

◎ 家家戶戶(가가호호) : 집집마다.
◎ 家具(가구) : 집안 살림에 쓰는 기구.
◎ 家庭敎育(가정교육) : 부모 형제가 그 자녀나 자매에게 가르치는 교육.
◎ 家宅侵入(가택침입) : 아무 이유없이 남의 집이나 남이 지키고 있는 건조물에 침입하는 일.
◎ 農家(농가) : 농사짓는 사람의 집.
</td></tr>
</table>

<table>
<tr><td>富
부자 부</td><td>

▷ 부자, 많다.

【자원】 형성. 宀(집 면 - 뜻부분)과 畐(畐〈술병모양〉 : 찰복 - 음과 뜻부분)으로 구성되어, 집〔宀〕에 재물이 가득 차 있다〔畐〕하여 '부자' '많다'의 뜻이 되었다.

◎ 富國强兵(부국강병) : 나라를 부하게 하고 군사를 강하게 하다. 국가의 위세를 증진시키다.
◎ 富貴(부귀) : 재산이 많고 지위가 높다.
◎ 富益富(부익부) : 부자가 더욱 부자가 되다.
</td></tr>
</table>

획순 丶 宀 宀 宣 富 富 富 富

寧 (편안할 녕)

▷ 편안하다, 차라리, 어찌.

【자원】 형성. 宀(집 면)과 心(마음 심)과 皿(그릇 명)과 丁(장정 정)으로 구성된 글자. 집안(宀)에 음식이 그릇(皿)에 가득하니, 마음(心)이 편안하다는 뜻. 丁은 음부분.

◎ 寧爲鷄口勿爲牛後(영위계구물위우후) : 차라리 닭의 주둥이는 될지라도 소의 똥구멍은 되지 않는다. 강대한 사람의 꽁무니에 붙어 있는 것보다는 조그마한 단체의 우두머리가 낫다는 말.
◎ 安寧(안녕) : 평안의 높임말.

寶 (보배 보)

▷ 보배, 귀하다.

【자원】 宀(집 면)과 玉(구슬 옥)과 缶(장군 부 - 음부분)와 貝(조개 패 - 화폐의 뜻)로 구성되었다. 缶는 귀중품을 담아 두는 그릇으로, 집 안(宀)의 그릇(缶)에 담겨 있는 구슬(玉)이나 재물(貝)을 가리켜 귀중한 '보배'를 뜻한다.

◎ 寶石(보석) : 장식으로 쓰는 아름다운 옥돌.
◎ 寶貨難售(보화난수) : 보물은 값이 너무 비싸서 잘 팔리지 않는다는 뜻으로 뛰어난 인물은 잘 쓰여지지 못하는 것을 비유한 말.

시조감상

흉중에 불이 나니 五臟(오장)이 다 타간다
神農氏(신농씨) 꿈에 보아 불끌 약을 물어 보니
忠節(충절)과 慷慨(강개)로 난 불이니 끌약 없다 하더라
－박태보－

朴泰輔 : 1654~1689. 인현왕후의 폐위를 강력히 반대하다가 심한 고문을 당해 죽었다. 자는 사원(士元), 호는 정재(定齋).

寸部 마디, 규칙, 법도, 헤아릴 촌

弓 · 손목의 맥을 짚는다는 뜻으로 헤아린다는 의미가 있으며 손가락 한 마디를 뜻하여 마디의 의미를 나타낸다.

封 봉할 봉

▷ 봉하다, 흙 쌓아 올리다.

【자원】土와 土를 포개어 올리다(寸)는 뜻으로 쓰이며, 제후가 임금으로부터 땅(土)을 하사받는다는 뜻. ※위의 土를 之의 본자로 보아, 제후에게 영토(土)를 주어 그 지방에 가서(之) 다스리게(寸) 한 데서 '봉하다'의 뜻이 되었다고도 한다.

◎ 封庫罷職(봉고파직) : 어사(御史)나 혹은 감사(監司)가 악정(惡政)을 행하는 관리들을 면직시키고 관고를 봉쇄하는 일.
◎ 密封(밀봉) : 단단히 막다.

專 오로지 전

▷ 오로지, 마음대로 하다.

【자원】叀. 叀(= 叀 : 물레 전)과 寸(손마디 촌)으로 구성되어, 오로지 물레를 돌린다는 뜻.

◎ 專攻(전공) : 한 가지를 전문적으로 연구하다.
◎ 專心致知(전심치지) : 오직 한 가지 일에만 마음을 기울여 쓰다.

將 장수 장

▷ 장수, 거느리다, 장차.

【자원】형성. 널판지(爿)에 제물(月=肉 : 고기)을 벌여 놓고 법도(寸)에 따라 제사지내는 씨족장을 나타낸 글자. ※또한 법도(寸)에 따라 병사를 통솔한다 하여 '장수'의 뜻을 나타내며, 장수는 부하를 거느리므로 '거느리다'의 뜻으로도 쓰인다.

◎ 將校(장교) : 군대의 지휘관.
◎ 將門必有將(장문필유장) : 장군의 집안에는 반드시 장군이 될 인물이 나온다는 말.

획순 ㅣ ㄐ ㄐ 爿 爿ㅇ 爿ㅇ 將 將

小部

작을 소

지사.

∴ 작은 점 세 개를 나타냈다.

小
작을 소

▷ 작다.

【자원】① 상형. ∴ 작은 점 세 개를 나타냈다. 혹은 작은 빗방울의 모양을 본떴다고도 한다.

② 회의. 八(나눌 팔)과 丨(물건의 경계)로 구성되어, 물건을 둘로 나누니 '작다'는 뜻.

◎ 小貪大失(소탐대실) : 작은 이익을 탐내다가 큰 이익을 잃어버리다.
◎ 小品(소품) : 규모가 작은 예술 작품.

尖
뾰족할 첨

▷ 뾰족하다, 끝.

【자원】회의. 큰 것의 끝이 뾰족함을 나타낸 것.

◎ 尖端(첨단) : 사조나 유행에 극도로 앞장서는 일.
◎ 尖兵(첨병) : 종대(縱隊)의 선두에서 적정을 살피며 전진하는 소부대의 군사.

尙
오히려 상

▷ 오히려, 높이다, 숭상하다.

【자원】형성. 八(나눌 팔-뜻부분)과 向(향할 향-음과 뜻부분)으로 구성되어, 입김이 흩어져〔八〕 밖으로 향〔向〕한다는 뜻으로 그곳이 창문인데, 창문은 빛이 들어오는 곳이므로 여기에서 신을 맞아 제사지내므로 '높이다' '숭상하다'의 뜻이 되었다.

◎ 尙古主義(상고주의) : 옛적 문물을 숭상하여 표준을 삼고자 하는 주의(主義).
◎ 尙存(상존) : 아직 존재하다.
◎ 崇尙(숭상) : 높여 받들다.

획순   丨 丷 丷 尙 尙 尙 尙 尙

尤部

절름발이 왕

상형.
ㅈ. 한쪽 다리가 굽은 모양.

尤
더욱 우

▷ 더욱, 허물.
【자원】 회의. 尤(절름발이 왕)에 丶(점 주 : 흠)이 또 있
다는 뜻.

◎ 尤甚(우심) : 더욱 심하다.
◎ 尤而效之(우이효지) : 남의 과실을 책망하면서 자기도 그
과실을 범하는 것.
◎ 尤人(우인) : 남을 탓하다.

就
나아갈 취

▷ 나아가다, 이루다.
【자원】 회의. 궁성〔京 : 서울 경〕의 터를 더욱〔尤〕 쌓아간
다는 뜻. ※京(서울 경-뜻부분)과 尤(더욱 우-음부
분)로 구성. '京'은 높이 쌓아올린 언덕, '尤'는 보통
것과는 다름을 뜻한다. 즉 높은 언덕 위에 특이한 집을
짓고 산다는 것에서 '이루다, 나아가다'의 뜻이 생겼다
고도 한다.(형성문자)

◎ 就學(취학) : 교육을 받기 위해 학교에 들어가다.
◎ 成就(성취) : 일을 목적대로 이루다.

획순 　 一 亠 古 古 亨 京 京 就 就

시조감상

저 건너 一片石(일편석)이 강태공의 釣臺(조대)로다
文王(문왕)은 어디 가고 빈 대만 남았는고
석양에 물 차는 제비만 오락가락 하더라
　　　　　－ 조광조 －

趙光祖 : 1482~1519. 중종 때 대사헌 등을 지냄. 기묘사화(己卯士
禍) 때 사사(賜死)당함. 호는 정암(靜庵), 시호는 문정공(文正公).

尸部

주검, 지붕 시

상형.
尸. 사람이 반듯하게 누워있는 모습을 본뜬 글자.
※宀(집 면)의 변형으로 집의 윗부분의 모양을 나타낸다고도 한다.

尹
다스릴 윤

▷ 다스리다, 말, 장관.
【자원】 회의. 尹. 손에 자를 쥐고 있는 모양을 본뜬 글자.
공사를 감독한다는 데서 '다스린다'의 뜻이 되었다.

◎ 尹司(윤사) : 벼슬아치.

尺
자 척

▷ 자, 법, 가깝다.
【자원】 지사. 尺. 尸(주검 시)와 乙(새 을)로 구성되어, 乙
은 팔을 굽힌 모양으로 팔목에서 팔꿈치까지의 길이를
나타낸다. 한 자는 약 30cm.

◎ 尺度(척도) : 계량이나 평가의 기준.
◎ 尺寸(척촌) : 한 자와 한 치. 전(轉)하여 수량 거리 등이
얼마 안되는 것을 이른다.
◎ 尺寸之兵(척촌지병) : 짧은 병장기.

尾
꼬리 미

▷ 꼬리, 끝.
【자원】 회의. 尸(주검 시 : 사람의 몸을 뜻함)와 毛(털 모)
로 구성되어, 몸[尸]의 엉덩이에 털[毛]이 난 부분, 즉
'꼬리'를 뜻한다.

◎ 尾大不掉(미대부도) : 꼬리가 커서 흔들지 못하다. 곧 군주
보다 신하의 세력이 커서 군주가 자유로이 제어할 수가
없다는 뜻.
◎ 尾生之信(미생지신) : 옛날에 미생이라는 사람이 한 여자
와 다리 밑에서 만나자는 약속이 있어 그곳에서 기다리는
데 마침 큰 비가 내려 물이 불어도 가지 않고 기다리다가
끝내 다리의 기둥을 껴안고 물에 빠져 죽었다는 고사에서
나온 말로 약속을 굳게 지키고 변하지 않음을 뜻한다.
◎ 末尾(말미) : 책, 문서 등의 끝부분.

획순   ⁻ ⁻ 尸 尸 尸 尾 尾 尾

居
살 거

▷ 살다, 있다, 지내다.
【자원】 형성. 오랫동안〔古〕 머물 수 있는 집〔尸〕에서 '살다'의 뜻이 되었다. ※혹은 古＝十口로 보아, 집〔尸〕에 여러〔十〕 식구〔口〕가 '거처하는' 것을 뜻한다고 보기도 한다.

- ◎ 居中調停(거중조정) : 다툼질하는 틈새에서 다툼을 말리거나 화해를 붙이다.
- ◎ 居處(거처) : 사는 곳.

획순　ㄱ ㄱ 尸 尸 尸 居 居 居

屍
주검 시

▷ 주검, 송장.
【자원】 죽은〔死〕 시체〔尸〕를 나타낸 글자.

- ◎ 屍體(시체) : 시신. 죽은 사람의 육신.
- ◎ 屍臭(시취) : 시체가 썩어서 나는 냄새.

履
신 리

▷ 신, 밟다.
【자원】 屨(履의 古字). 尸(주검 시−사람의 뜻)와 彳(조금 걸을 척)과 舟(배 주)로 구성되어, 사람이〔尸〕 신발〔舟〕을 신고 천천히 걷는다〔彳〕는 데서 '신', 또는 '밟다'의 뜻이 되었다.

- ◎ 履歷(이력) : 밟아온 학업. 직업의 경력.
- ◎ 履霜之戒(이상지계) : 서리가 내리는 것은 얼음이 얼 징조이다. 징조를 보고 미리 닥칠 재난을 방지해야 한다는 경계의 말.

시조감상

님을 믿을 것가 못 믿을 손 님이시라
미더운 시절도 못 믿을 줄 알았어라
믿기야 어려와마는 아니 믿고 어이리
−이정귀−

李廷龜 : 1564～1635. 선조 23년에 증광시(增廣試)에 급제한 후 좌의정까지 지냄. 호는 월사(月沙). 시호는 문충공(文忠公).

屮部

싹날 철

Ψ. 초목의 싹이 땅 위로 솟아난 모양을 본뜬 글자.
※草(풀 초)의 본자(本字)로 '풀 초' 라고도 한다.

屯
모일 둔

▷ 모이다, 진치다, 어렵다.
【자원】 ㅎ. 초목의 싹〔屮〕이 땅〔一〕 위로 솟아난 모양을 나타낸 글자.

◎ 屯耕(둔경) : 군대가 주둔하여 수비하면서 농사를 짓다.
◎ 駐屯(주둔) : 군대가 머무르다.

획순 一 匚 口 屯

시조감상

내혜 좋다 하고 남 싫은 일 하지 말며
남이 한다 하고 義(의) 아니어든 쫓지 말니
우리도 天性(천성)을 지키어 생긴대로 하리라
　　　　　- 주의식 -

荊山(형산)의 璞玉(박옥)을 얻어 세상 사람 뵈러 가니
겉이 돌이여니 속 알 이 뉘 있으리
두어라 알 인들 없으랴 돌인 듯이 있거라
　　　　　- 주의식 -

朱義植 : 연대 미상. 숙종 때 무과에 급제. 호는 남곡(南谷).

山部

뫼, 산 산

상형.
산이 솟은 모양을 본뜬 글자.

山
뫼 산

▷ 뫼, 산.
【자원】 상형. 산이 솟은 모양을 본뜬 글자.

※ 세 개의 봉우리를 본뜬 글자. 옛날에는 '산'을 '뫼'라 하였다.

◎ 山高水長(산고수장) : 산은 높이 솟고 강은 길게 흐른다는 말로 군자(君子)의 덕(德)이 한없이 오래 전해 내려오는 것을 나타낸 말.
◎ 山林處士(산림처사) : 벼슬하지 않고 산 속에 파묻혀 사는 선비.
◎ 山水(산수) : 산과 물. 풍경.

岸
언덕 안

▷ 언덕, 낭떠러지.
【자원】 山(뫼 산)과 厂(언덕 엄 - 뜻부분)과 干(방패 간 - 음부분)으로 구성되어, 산의 벼랑〔厂〕 위의 낭떠러지를 나타낸 글자.

◎ 岸壁(안벽) : 벼랑 같이 깎아지른 듯한 물가의 언덕.
◎ 岸芷汀蘭(안지정란) : 언덕의 어수리나 물가에 난 난초와 같은 향초
◎ 海岸(해안) : 바닷가의 언덕.

획순 ' 屮 屮 屮 屵 屵 岸 岸

岳
큰산 악

▷ 큰 산.
【자원】 丘(언덕 구)와 山(뫼 산)으로 구성되어 산 위에 또 산이 포개져 솟아 있는 모양을 나타낸다.

◎ 岳父(악부) : 장인(丈人). 또는 부옹(婦翁)의 별칭.
◎ 山岳(산악) : 크고 작은 모든 산.

峻
산높을 준

▷ 산높다, 고개.
【자원】형성. 山(뫼 산-뜻부분)과 夋(천천히걷는 모양 준-음과 뜻부분)으로 구성되어, 늠름하게 걸어가는〔夋〕사람과 같이 준엄해 보이는 높은 산〔山〕을 나타낸 글자.

◎ 峻德峻筆(준덕준필) : 높은 덕과 남을 감동시키는 대단한 문장.
◎ 峻隘(준애) : 땅이 험준하고 좁은 것을 말하며, 성질이 엄격하고 도량이 좁음을 비유하기도 한다.
◎ 峻擢(준탁) : 특별히 발탁(拔擢)하다. 또는 파격적인 발탁을 말한다.
◎ 峻險(준험) : 산세가 높고 험하다.

❖ 夋(夊 : 천천히걸을 쇠의 4획)이 들어간 글자는 모두 음이 '준' 이다.

峽
골짜기 협

▷ 골짜기, 물낀 산골.
【자원】山(뫼 산)과 夾(낄 협 : 大와 人人-큰 사람이 양쪽에 두 사람을 끼고 있는 모양)으로 구성되어 산과 산 사이에 끼어 있는 골짜기를 뜻한다.

◎ 峽谷(협곡) : 험하고 좁은 골짜기.
◎ 峽中(협중) : 험산 산 사이. 험한 골짜기.
◎ 峽村(협촌) : 두메산골에 있는 마을.

島
섬 도

▷ 섬.
【자원】형성. 鳥(새 조-음과 뜻부분)와 山(뫼 산-뜻부분)으로 구성되어, 산 위에 새가 앉아 있는 모습으로 날아가던 새가 섬의 산봉우리에 앉아 있는 것을 나타낸 글자.

◎ 島配(도배) : 죄인(罪人)을 섬으로 귀양보내다.
◎ 島嶼地方(도서지방) : 섬들이 모여있는 지방.
◎ 半島(반도) : 뭍과 이어져 바다로 내민 땅.

획순　厂　广　户　皀　鳥　鳥　島　島

巛(川)部

개미허리, 내 천

상형.
양쪽 언덕 사이로 물이 흐르는 모양을 본뜬 글자.

川 내 천

▷ 내.
【자원】 상형. 巛. 양쪽 언덕 사이로 <u>흐르</u>는 냇물의 모양을 본뜬 글자.

◎ 川澤納汚(천택납오) : 하천이나 못은 더러운 물을 받아들인다. 곧 도량이 큰 인물은 남의 과실을 용납하고 치욕도 참는다는 뜻.
◎ 河川(하천) : 강과 내. 시내.

획순 丿 丿丨 川

巡 돌 순

▷ 돌다, 순행하다.
【자원】 회의, 형성. 巛(川)과 辶(辵 : 쉬엄쉬엄갈 착)으로 구성되어 냇물이 돌아 흐르는〔辶〕모양을 본뜬 글자.
※ 또한 물이 돌아서〔巛〕흘러가듯이〔辶〕주위를 살피며 '돌아다님'을 뜻한다고도 한다.

◎ 巡洋艦(순양함) : 군함의 일종. 전투함과 구축함의 중간 배.
◎ 巡察(순찰) : 여러 곳을 돌아다니며 사정을 살피다.

시조감상

두류산 兩湍水(양단수)를 예 듣고 이제 보니
桃花(도화) 뜬 맑은 물에 山影(산영)조차 잠겼어라
아희야 武陵(무릉)이 어디요 나는 옌가 하노라
−조 식−

曹植 : 1501∼1572. 당대의 학자로 숭앙받음.
여러 차례 벼슬이 내려졌으나 모두 사양하고 후진양성에만 전력.
호는 남명(南冥).

工部

장인 공

상형.
자〔尺〕를 본떠 공작에 관한 것을 나타낸다.

工
장인 공

▷ 장인, 공업.
【자원】 상형. 자〔尺〕를 본떴다. 목수가 사용하는 자의 모양
을 본떠, 목수가 공구를 가지고 무엇을 만드는 데서
'만들다'는 뜻을 나타내며 목수 등을 가리키는 '장인'
의 뜻으로도 쓰인다.

 ◎ 工藝品(공예품) : 인공(人工)을 가하여 만든 예술품.
 ◎ 工程(공정) : 작업의 과정.

巨
클 거

▷ 크다.
【자원】 상형. 巨. 가운데 손잡이가 달린 큰 자〔尺〕의 모양
을 본뜬 글자로 '크다'의 뜻으로 쓰인다.

 ◎ 巨家大族(거가대족) : 대대로 번성한 집안.
 ◎ 巨金(거금) : 큰 돈. 많은 돈.

左
왼 좌

▷ 왼쪽, 돕다.
【자원】 회의. 左. 𠂇(𠂇 : 왼손)과 工(장인 공)으로 구성되
어, 왼손에 굽은 자를 들고 있는 모양에서 '왼쪽'의 뜻
이 되었다.

 ◎ 左手(좌수) : 왼손.
 ◎ 左衝右突(좌충우돌) : 이리 저리 마구 치고 받다.

 획순　一　ナ　ナ　左　左

差
어긋날 차

▷ 어긋나다, 다르다, 병낫다
【자원】 差. 𡗥(＝垂 : 드리울 수)와 左(＝左 : 왼쪽 좌)로
구성되어 곡식의 이삭이 좌우로 어긋나 드리워져 있는
모습을 본뜬 글자. 이삭 같은 것이 좌우로 늘어져 가지
런하지 않다 하여 '어긋나다'의 뜻이 되었다.

 ◎ 差減(차감) : 비교하여 덜어내다.
 ◎ 差別(차별) : 등급이 지게 나누어 구별하다.

己部

몸, 자기 기

상형. ㄹ

몸을 구부린 사람의 모양을 나타낸 것으로, 남에 대하여 자기라는 뜻을 나타냄.
◎ 知己(지기) : 자기를 이해하여 주는 사람. 곧 마음이 통하는 벗.

▷ 이미, 그치다.
【자원】 상형. ㄹ. 밭을 가는 모양을 본뜬 글자. ※또는 '보습'의 모양을 본뜬 글자로 밭갈이가 '이미 끝났음'을 뜻한다고도 한다.

◎ 已甚(이심) : 지나치게 심하다. 대단히 심하다.
◎ 已往(이왕) : 이미 지난 일. 즉 이제보다 이전.
◎ 已往之事(이왕지사) : 이미 벌써 지나간 일.

▷ 뱀, 여섯째 지지.
【자원】 상형. ဉ. 뱀이 몸을 사리고 꼬리를 드리우고 있는 모양을 본떴다. ※또는 따뜻한 4월에 기어가는 '뱀'의 모양을 본뜬 글자. 때문에 '뱀띠' '4월' '동남쪽' '오전 9~11시' 등을 나타낸다.

◎ 巳時(사시) : 오전 9~11시 사이.
◎ 巳進申退(사진신퇴) : 벼슬아치는 사시(巳時)에 벼슬에 나아가 신시(申時)에 벼슬에서 물러나온다.
◎ 元巳(원사) : 음력 3월 3일을 말한다. 상사(上巳).

획순 ㄱ ㄱ 巳

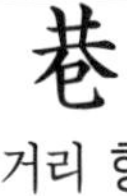

▷ 거리, 골목.
【자원】 共(함께 공)과 巳(구불구불한 골목)로 구성되어 공동으로 이용하는 골목을 나타낸 글자.

◎ 巷間(항간) : 보통 민중들 사이.
◎ 巷談(항담) : 거리에 떠도는 소문. 세상의 풍설.
◎ 巷處(항처) : 벼슬을 내놓고 거리 또는 시골에서 살다.

巾部
수건, 헝겊, 두건 건

巾 · 몸에 수건을 걸친 모양을 본뜬 글자.

市
시장 시

▷ 시장, 저자.
【자원】 형성. 亠(止의 축약형 – 음부분)와 巾(수건 건 – 뜻부분)으로 구성되어, 일정한 장소에 포목을 걸어 놓고 있는 모습에서 '시장'을 뜻하였다. ※혹은 亠를 之(갈 지)의 축약으로 보고, 시장에 옷(巾)을 입고 가는(亠) 것을 가리켜 '시장'을 뜻한다고 보기도 한다.

　◎ 市井(시정) : 시장. 또는 인가가 많은 곳.
　◎ 市井之臣(시정지신) : 성(城) 아래에 사는 서민. 벼슬하지 않고 서울에서 사는 백성.

希
바랄 희

▷ 바라다, 드물다.
【자원】 회의. 爻(헤아릴 효)와 巾(수건 건)으로 구성되어 비단을 헤아린다는 뜻. ※또는 爻는 실이 서로 엇갈려 된 무늬를 가리키며, 무늬가 있는 천(巾)은 흔하지 않은 것으로 누구나 가지기를 '바란다'는 뜻이라고도 한다.

　◎ 希望(희망) : 기대를 가지고 바라다.
　◎ 希聖(희성) : 성인(聖人)이 되기를 바라다.

획순　 ノ　メ　ブ　チ　产　希　希

帛
비단 백

▷ 비단, 명주.
【자원】 형성. 巾(수건 건 – 뜻부분)과 白(흰 백 – 음부분)으로 구성된 글자. 본래는 옷깃에 붙이는 동정을 뜻했다고 한다.

　◎ 帛書(백서) : 비단에 쓴 글자. 또는 그 비단.

帥 장수 수

▷ 장수, 주장하다. 〔솔〕 - 거느리다, 좇다.
【자원】 회의. 自(＝堆〈쌓일 퇴〉의 본자)와 巾(수건 건)으로 구성되어, 깃발〔巾〕을 높이 달고 많은〔自〕 군사를 거느린 장수를 뜻한다. ※음이 '솔'로 바뀌어 거느리다의 뜻으로 변했다.

◎ 將帥(장수) : 장군.
◎ 帥先垂範(솔선수범) : 앞장서서 나아가 모범을 보이다.

常 항상 상

▷ 항상, 떳떳하다, 보통.
【자원】 형성. 尙(높을 상 - 음과 뜻부분)과 巾(수건 건 - 뜻부분)으로 구성되어, 단정하게〔尙〕 차려 입은 옷〔巾〕을 나타낸 글자. 이러한 차림은 항상된 것이어야 한다는 데서 '항상'의 뜻이 되었다.

◎ 常鱗凡介(상린범개) : 흔하게 나오는 물고기와 조개. 곧 평범한 인물.
◎ 常住(상주) : 항상 거주하다.

획순 ` ´ ´´ ´´´ 常 常 常 常

시조감상

짚방석 내지 마라 낙엽엔들 못앉으랴
솔불 혀지 마라 어제 진 달 돋아온다
아해야 濁酒山菜(탁주산채)일망정 없다 말고 내어라
- 한 호 -

韓濩 : 1543〜1605. 명종 때 진사시에 합격. 서예가.
필적으로 '석봉필법' '석봉천자' 등이 있다. 호는 석봉(石峯).

干部

방패, 천간 간

상형.
우 . 끝이 두 갈래로 갈라진 창을 본뜬 글자.

平
평평할 평

▷ 평평하다, 화평하다, 보통.
【자원】 상형. 干(방패 간)과 八(나눌 팔)로 구성되어, 방패를 깨뜨린다는 뜻인데, 따라서 전쟁에 이겨 평화롭게 된다는 것.

◎ 平地風波(평지풍파) : 평지에 풍파를 일으키다. 뜻밖에 분쟁이 일어나다의 뜻.
◎ 平和(평화) : 평온하고 화목하다.

획순 一 一 二 二 平

年
해 년

▷ 해, 나이.
【자원】 형성. 亻(人 : 사람 인)과 ㅑ(걸을 과)로 구성되어 사람(人)이 한 해를 보낸다(ㅑ)는 뜻. ※본자는 '秊(년)'으로, 禾(벼 화-뜻부분)와 千(일천 천-음과 뜻부분)으로 구성된 글자. 많은(千) 곡식(禾)이 자라서 익는 기간을 한 해라고 한 것이다.

◎ 年例(연례) : 여러 해 내려오는 전례.
◎ 年輩(연배) : 서로 나이가 비슷한 사람.
◎ 年年歲歲(연연세세) : 매년. 해마다.

幹
줄기 간

▷ 줄기, 몸뚱이, 등뼈, 주관하다.
【자원】 형성. 倝(해돋을 간-음부분)과 木(나무 목-뜻부분)으로 구성된 글자. 해돋는 방향으로 기울어진 방패같이 생긴 나무줄기를 나타낸다. ※또는 담장을 쌓기 시작할 때에 박는 중심 기둥을 뜻하다가 발전하여 나무의 '줄기'를 뜻하게 되었다고 한다.

◎ 幹技術(간기술) : 태어난 연월일(年月日)의 간지(干支)에 의하여 그 사람의 길흉화복을 점치는 기술.
◎ 基幹(기간) : 본바탕이 되는 줄기.
◎ 才幹(재간) : 재주와 재능.

幺部
작을 요

상형.
ㅇ . 실을 꼬아놓은 모양으로 糸(실 사)의 아랫부분이 잘린 모양을 본뜬 글자.

幼
어릴 유

▷ 어리다, 어린이.
【자원】 형성. 幺(작을 요-음과 뜻부분)와 力(힘 력-뜻부분)으로 구성된 글자. 힘〔力〕이 약한〔幺〕 '어린이'라는 뜻.

◎ 幼兒(유아) : 나이가 어린 아이.
◎ 幼蟲(유충) : 알에서 부화하여 아직 성충(成蟲)이 되지 않은 벌레.
◎ 幼稚園(유치원) : 취학할 나이가 안된 어린아이를 보육하여 심신의 발달을 꾀하는 교육시설.

획순 ㅅ ㅅ 幺 幻 幼

幾
몇 기

▷ 몇, 얼마, 거의, 기미, 베틀.
【자원】 회의. 丝(작을 유)와 人(사람 인)과 戈(창 과)로 구성되어, 많은 가는 실〔丝〕을 베틀〔戈 : 베틀과 비슷하게 생긴 글자〕에 걸어놓고 앉아있는 사람〔人〕의 모습을 본뜬 글자.

※ 사람〔人〕이 짊어진 창〔戈〕에 실〔丝〕로 만든 주술적 장식을 달아 부정한 것을 물리친 것에서 원래는 '조사해 살피다'가 그 뜻이었는데 다른 뜻으로 파생되었다고 한다.

◎ 幾死(기사) : 거의 죽게 되다.
◎ 幾日(기일) : 며칠.
◎ 幾何學(기하학) : 물건의 형상, 대소(大小), 위치에 관한 원리를 연구하는 수학의 한 부분.

획순 ㅅ 幺 丝 丝 丝 幾 幾 幾

广部

바위집 엄

언덕이나 바위를 지붕삼아 지은 바위집을 뜻한 글자.

床
평상 상

▷ 평상, 마루.

【자원】 회의. 广(집 엄)과 木(나무 목)자로 구성된 글자. 집〔广〕 안에 놓은 나무〔木〕로 만든 침대. 곧 '평상'을 뜻한다.

◎ 床上安床(상상안상) : 마루 위에 또 마루를 놓다. 곧 쓸데 없는 일을 하다.
◎ 册床(책상) : 책을 보기 위하여 올려 놓는 상.

度
법도 도

▷ 법도, 정도. 〔탁〕-헤아리다.

【자원】 형성. 庶(庶〈무리 서〉의 획줄임-음과 뜻부분)와 又(오른손 우-뜻부분)로 구성된 글자. 여럿〔庶〕의 손 〔又〕으로 헤아려 정한다는 데서 '재다'의 뜻이 되었다. 여러 사람이 헤아린 것이 '법도'라는 것. ※ '헤아리다' 의 뜻일 경우 음은 '탁'이다.

◎ 制度(제도) : 제정된 법규.
◎ 度德量力(탁덕양력) : 자기의 덕망과 역량을 헤아려 일을 하다.
◎ 度地(탁지) : 토지를 측량하다.

획순　'　一　广　广　庐　庐　度　度

庶
무리 서

▷ 무리, 거의, 여럿.

【자원】 회의. 庶. 집〔广〕 안에 불〔灬=火〕을 피워놓고 여 럿〔廿 : 이십 입〕이 모여있다는 데서 '무리'라는 뜻이 되었다.

◎ 庶民(서민) : 평민. 일반 백성.
◎ 庶人不議(서인불의) : 위에서 정치를 잘하면 밑에 있는 일 반 백성들은 왈가왈부를 하지 않는다.
◎ 庶子(서자) : 첩이 낳은 아들. 맏아들이 아닌 여러 아들.

廴 部

길게걸을, 끌, 당길 인

상형.

廴 . 다리를 길게 끌며 걸어가는 모습을 본뜬 글자.

延 끌 연

▷ 끌다, 늘이다, 맞다.

【자원】 丿(삐침 별)자와 止(발 지)와 廴(길게걸을 인)을 합한 글자. 丿은 발을 끄는 모양을 나타냈다. 발을 끌며 걷는 모양에서 '늘이다'의 뜻이 되었다.

◎ 延年益壽(연년익수) : 목숨을 더욱 늘리다. 장수하게 하다.
◎ 延命(연명) : 목숨을 잇다.

廷 조정 정

▷ 조정, 법정.

【자원】 형성. 王(줄기 정 – 음부분)과 廴(길게걸을 인)으로 구성된 글자. 원래 신하들이 조정에 나아가〔廴〕 임금 앞에 곧게〔王〕 서있음을 뜻한 글자. '조정'의 뜻으로 쓰이게 되었다.

◎ 宮廷(궁정) : 대궐 안.
◎ 法廷(법정) : 재판이 열리는 곳.

建 세울 건

▷ 세우다, 일으키다.

【자원】 회의. 廴(길게걸을 인)과 聿(붓 율)로 구성된 글자. 붓을 곧게 '세워' 길게 걷는 모습과도 같이 글을 써내려 간다는 데서 '세우다' 또는 '일으키다'의 뜻이 되었다. ※또는 글씨를 써나갈 때 붓을 세우고 쓴다는 데서 '세우다'는 뜻으로 쓰이게 되었다 한다.

◎ 建國理念(건국이념) : 나라를 세우는 기초 사상.
◎ 建設(건설) : 새로 만들어 세우다.

획순 ㄱ ㄱ ㅋ ㅋ 聿 聿 建 建

廻 돌아올 회

▷ 돌아오다, 피하다.

【자원】 형성. 回(돌 회 – 음과 뜻부분)와 廴(길게걸을 인 – 뜻부분)으로 구성된 글자. 멀리 갔다〔廴〕가 돌아온다〔回〕는 뜻.

◎ 廻禮(회례) : 돌아다니며 치르는 인사.
◎ 廻天之力(회천지력) : 천자의 마음을 돌리는 힘.

廾部

두손맞잡을 공

 . 두 손을 그려서 '맞잡다' '받쳐들다' '팔짱끼다' 의 뜻을 나타낸다.

廾
스물 입

▷ 스물. 20.
【자원】회의. 十(열 십)과 十을 합하여 이십을 나타낸다.
◎ 廾一(입일) : 21.

弄
희롱할 롱

▷ 희롱하다, 즐기다.
【자원】형성. 玉(구슬 옥-뜻부분)과 廾(두손맞잡을 공-음과 뜻부분)으로 구성되어, 그 구슬을 가지고 노는 데서 '즐기다' '희롱하다'의 뜻이 되었다.
◎ 弄假成眞(농가성진) : 실없이 한 말이 참으로 한 것과 같이 되다.
◎ 弄談(농담) : 실없는 말.

획순 一 二 干 王 王 壬 丢 弄

弋部

주살 익

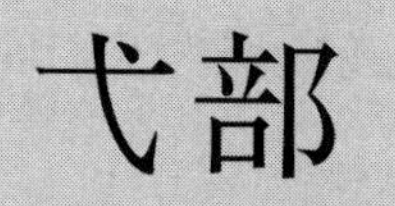 . 실을 매단 화살을 나타낸다.

式
법 식

▷ 법, 제도, 예식.
【자원】형성. 弋(주살 익-음과 뜻부분)과 工(장인 공-뜻부분)으로 구성된 글자. 弋은 목수의 먹줄, 工은 곱자를 뜻한다. 목수가 일정한 도구를 가지고 정해진 대로 일을 한다는 데서 '법' '의식'의 뜻을 나타내게 되었다.
◎ 式微式微(식미식미) : 왕실이 쇠약해진 것을 반복한 것.
◎ 方式(방식) : 일정한 형식이나 절차.
◎ 禮式場(예식장) : 예의를 갖춰 의식을 행하는 장소

획순 一 二 干 工 式 式

弓部

활 궁

상형.
弓 . 활의 모양을 본뜬 글자.

引
끌 인

▷ 당기다, 끌다, 인도하다.
【자원】 회의. 弓(활 궁)과 丨(뚫을 곤 : 화살의 뜻)으로 이루어진 글자. 활 시위에 화살을 매겨 쏘려고 잡아 당긴다는 뜻에서 '당기다' '이끌다'의 뜻을 나타내게 된 글자.

◎ 引導(인도) : 가르쳐 알려 주거나 이끌어 주다.
◎ 引上(인상) : 끌어 올리다. 물건값을 올리다.
◎ 引商角羽(인상각우) : 고상한 음악을 연주하는 것을 뜻한다.

弗
아닐 불

▷ 아니다, 어기다, 버리다, 달러.
【자원】 회의. 弗. 두 개의 굽은 막대기를 선으로 묶은 모습을 나타낸다. ※혹은 弓은 가죽을, 丿과 丨은 비틀어진 모양을 나타내어 가죽이 비틀어져 못쓰게 되었다는 데서 '아니다' '버리다'의 뜻이 되었다고 한다. 한편 미국의 화폐를 나타내는 달러($)와 모양이 비슷해서 가차해서 쓰고 달러를 나타낸다.

◎ 弗詢之謀(불순지모) : 여러 사람과 상의하지 않고 혼자 독자적으로 정한 꾀.
◎ 弗乎(불호) : 아니다. 부인하는 말.
◎ 十弗(십불) : 10달러.

弘
클 홍

▷ 크다, 넓다.
【자원】 회의. 弓(활 궁)과 厶(팔꿈치를 굽힌 모양)로 구성된 글자. 팔을 굽혀 활 시위를 당긴 모습이 '크다'는 뜻으로 된 글자.

◎ 弘報(홍보) : 널리 알리다.
◎ 弘益人間(홍익인간) : 인간 세상을 크게 이롭게 한다는 고조선의 건국 이념.

弱
약할 약

▷ 약하다, 어리다.
【자원】 상형. 弱. 어린 새의 축 늘어진 양 날개를 본뜬 글자. ※또는 회의문자로서, 弓(활 궁)자 두 개는 약해서 굽은 나무의 모양을 본뜬 것이고, 彡(터럭 삼)은 털 같이 미세하고 약한 모양을 나타낸 글자라고 한다.

◎ 弱骨(약골) : 몸이 약한 사람.
◎ 弱肉强食(약육강식) : 약한 것은 강한 것에 먹힌다.

획순   ᄀ ᄀ 弓 弔 弔 弔 弱 弱

彈
탄알 탄

▷ 탄알, 튕기다, 치다, 연주하다.
【자원】 弓(활 궁)과 單(홀로 단→탄 - 음부분)으로 구성된 글자. 화살이 활〔弓〕 시위를 벗어나 홀로〔單〕 날아가듯 '탄알'이 '튕겨' 나간다는 뜻의 글자.

◎ 彈琴(탄금) : 거문고를 튕기다. 즉 거문고를 연주하다.
◎ 彈丸雨飛(탄환우비) : 탄알이 빗발치듯이 날아오다.

크(彑)部
돼지머리 계

상형.
彑 . 돼지머리를 본뜬 글자.

彑
돼지 하

▷ 돼지.
【자원】 彑 . 돼지를 본뜬 글자.

彗
비 혜

▷ 비, 비로 쓸다.
【자원】 ＃(쑥대를 나타냄)와 彐(彐 : 손을 나타냄)으로 구성되어, 손에 쑥대를 쥐고 있는 모습을 본뜬 글자.

◎ 彗星(혜성) : 꼬리가 긴 살별. 그 모양이 비의 모양과 같은 별이다.
◎ 彗掃(혜소) : 비로 깨끗이 청소하다.

획순   ᄀ ᄅ ᄏ ＃ ＃ 彗 彗 彗

彡部

터럭 삼

결이 좋은 머리털을 나타낸 글자.
붓은 털로 짜여있다는 데서 그리다의 의미를 지니고 있다.

形
형상 형

▷ 형상, 모양, 나타나다, 얼굴.

【자원】회의. 幵(평평할 견)과 彡(터럭 삼)으로 구성된 글자. 평평한 곳에서 붓〔彡〕으로 그림을 '그린다'는 데서 '형상' '모양'의 뜻이 된 글자. ※또는 형성문자로서, 幵은 井(우물 정)의 변형으로 음과 뜻부분이고 彡(터럭 삼)은 뜻부분인데, 붓으로 우물처럼 가로세로로 그린 '형상'을 뜻하여 된 글자라고도 한다.

◎ 形容(형용) : 생긴 모양. 사물의 어떠함을 설명하는 것.
◎ 形體(형체) : 물건의 모양과 그 바탕.
◎ 形形色色(형형색색) : 가지가지의 색. 여러 가지의 색.

획순　一　二　于　开　形　形　形

彩
채색 채

▷ 채색, 빛나다, 무늬.

【자원】采(채색 채 - 음부분)와 彡(터럭 삼)으로 구성된 글자. 털붓으로 여러 가지 '무늬'를 '채색'한다는 데서 '무늬' '채색'을 뜻하게 된 글자.

◎ 彩雲易散(채운이산) : 아름다운 구름은 쉬이 흩어진다. 너무 좋은 것은 곧 무너진다는 뜻.
◎ 彩霞(채하) : 빛이 아름다운 노을.
◎ 光彩(광채) : 눈부신 빛.

影
그림자 영

▷ 그림자, 초상.

【자원】景(볕 경 - 음부분)과 彡(터럭 삼)으로 구성되어, 햇빛〔景〕 아래에서 그린〔彡 : 붓 따위로 '그리다'의 뜻〕 듯이 그대로 나타나는 '그림자'의 뜻.

◎ 影印本(영인본) : 원본을 사진이나 기타의 과학적 방법으로 복제하다.
◎ 影響(영향) : 한 사물로 인하여 다른 사물에 미치는 결과.

彳部
**자축거릴,
조금씩걸을 척**

상형. ノ(허벅지를 나타냄)과 ノ(정강이를 나타냄)과 丨(발을 나타냄)의 세부분을
나타낸 것으로 '간다' 는 뜻의 글자.　※行(갈 행)의 왼쪽에 해당하는 것으로
'간다' 는 것을 나타낸다. 이 글자가 부수로 쓰인 글자의 뜻은 '길'이나 '간다'의
뜻과 관련이 있다. 보통 '두인 변'이라고 부르기도 한다.

征
칠 정

▷ 치다, 가다.

【자원】 형성. 정의〔正 - 음부분〕를 위하여 적을 치러 간다
〔彳 : 조금씩걸을 척 - 뜻부분〕는 뜻의 글자.

◎ 征伐(정벌) : 군사로써 치다.
◎ 征塵(정진) : 군병(軍兵), 병마(兵馬)가 달려가며 일으키는
　모래 먼지.
◎ 遠征(원정) : 먼 데까지 가서 상대와 싸우거나, 적진으로
　가서 겨루는 것. 혹은 먼 곳으로의 여행.

律
법 률

▷ 법, 음률, 조절하다.

【자원】 형성. 彳(조금씩걸을 척 - 뜻부분)과 聿(붓 율 - 음
과 뜻부분)로 구성된 글자. 사람이 지켜 따라야〔彳〕 할
바를 붓〔聿〕으로 쓴 책인 '법률'을 뜻한 글자.

◎ 律動(율동) : 규율이 바른 운동. 주기적인 운동.
◎ 律詩(율시) : 한시(漢詩)의 한 체(體).
◎ 規律(규율) : 법률의 본보기.

획순 ノ 彳 彳 彳 彳 律 律 律

後
뒤 후

▷ 뒤, 뒤지다, 늦다.

【자원】 회의. 彳(조금씩걸을 척)과 幺(작을 요)와 夂(천천
히걸을 쇠)로 구성된 글자. 어린〔幺〕아이가 조금씩 걸
으며〔彳〕 천천히 가니〔夂〕 '늦다' '뒤진다' 는 뜻.

◎ 後來三盃(후래삼배) : 술자리에 늦게 온 사람에게 권하는
　석 잔의 술.
◎ 後日(후일) : 다음 날.
◎ 最後(최후) : 맨 뒤. 맨 마지막.

<table>
<tr><td>徒
무리 도</td><td>

▷ 무리, 걸어다니다, 한갓.

【자원】 형성. 彳(조금씩걸을 척 – 뜻부분)과 走(달아날 주)로 구성되어 뭇사람이 한 장소를 향하여 달려간다는 뜻의 글자. 또는 걸어다니는 사람들이 무리지었다는 데서 '무리'의 뜻으로 쓰인다.

</td></tr>
</table>

- ◎ 徒勞(도로) : 헛수고
- ◎ 徒費心力(도비심력) : 애를 많이 쓰지만 아무 보람이 없다.
- ◎ 學徒(학도) : 학업을 닦는 사람.

<table>
<tr><td>德
큰 덕</td><td>

▷ 크다, 덕, 은혜.

【자원】 彳(조금씩걸을 척 – 뜻부분)과 直(곧을 직 – 음부분)과 心(마음 심 – 뜻부분)으로 구성된 글자. 사람의 행동이 올바르며 곧은 마음에서 나와야 한다는 데서 '덕'의 뜻으로 쓰인다.

</td></tr>
</table>

- ◎ 德望(덕망) : 덕행으로 얻은 명망.
- ◎ 德不孤(덕불고) : 덕이 있는 사람은 그 덕에 감화되어 따르는 사람이 많아 외롭지 않다는 뜻.
- ◎ 美德(미덕) : 아름답고 갸륵한 덕행.

획순 彳 彳 彳 徍 德 德 德 德

시조감상

삿갓에 도롱이 입고 細雨(세우)중에 호미 메고
山田(산전)을 흩매다가 녹음에 누웠으니
목동이 牛羊(우양)을 몰아 잠든 나를 깨와다
– 김굉필 –

金宏弼 : 1454～1504. 김종직(金宗直)의 문인으로 성리학에 정통.
무오사화(戊午士禍)에 연루되어 사약을 받음.
호는 한훤당(寒暄堂).

心部
마음 심

상형.
심장의 모양을 본뜬 글자.

心
마음 심

▷ 마음, 생각, 가운데.
【자원】 상형. ♥. 심장의 모양을 본뜬 글자. 마음은 심장에서 나온다하여 '마음'이라는 뜻을 지니고, 심장은 몸의 중앙에 있다하여 '가운데'의 뜻도 아울러 갖는다. ※ 忄(변으로 쓸 때) 㣺(발로 쓸 때)

◎ 心廣體胖(심광체반) : 마음이 너그러우면 몸이 편안하고 살이 찐다.
◎ 心情(심정) : 마음에 품은 생각과 감정.
◎ 水心(수심) : 물의 가운데.

忍
참을 인

▷ 참다, 강인하다, 잔인하다.
【자원】 형성. 刃(칼날 인 - 음과 뜻부분)과 心(마음 심 - 뜻부분)으로 구성되어 가슴〔心〕에 비수〔刃〕를 품듯 참는다는 뜻.

◎ 忍耐(인내) : 참고 견디다.
◎ 忍之爲德(인지위덕) : 참는 것이 아름다운 덕이 된다.
◎ 殘忍(잔인) : 인정이 없고 몹시 모질다.

획순 ㄱ 刀 刃 刄 忍 忍 忍

志
뜻 지

▷ 뜻, 원하다, 기록하다.
【자원】 회의. 선비〔士〕의 마음〔心〕에는 뜻이 있다는 뜻. ※혹은 士(之 : 갈 지의 변형)와 心(마음 심)으로 구성되어, 마음〔心〕이 가는〔士〕 것, 즉 '뜻'을 의미하여 된 글자라고도 한다.

◎ 志在千里(지재천리) : 품은 뜻이 원대한 것.
◎ 志向(지향) : 뜻이 쏠리는 방향.

忠 곧을 충

▷ 곧다, 충성.

【자원】 마음에 中(가운데 중) 心(마음 심)이 서있다는 뜻. ※혹은 형성문자로, 中(가운데 중-음과 뜻부분)과 心(마음 심-뜻부분)으로 구성되어 마음〔心〕 속〔中〕에서 우러나온 '참된 심정'을 뜻한다고도 한다.

◎ 忠告(충고) : 남의 잘못을 숨기거나 꾸밈없이 성의껏 타이르다.
◎ 忠臣(충신) : 충성스러운 신하.
◎ 忠言逆耳(충언역이) : 충성스런 말은 귀에 거슬린다.

획순 丨 冂 口 中 忠 忠 忠 忠

怯 겁낼 겁

▷ 비겁하다, 겁내다.

【자원】 忄(마음 심)과 去(갈 거)로 구성되어 참된 마음〔心〕이 사라졌다〔去〕는 뜻에서 비겁하다의 뜻이 되었다.

◎ 怯弱(겁약) : 겁이 많다.
◎ 怯勇隳完(겁용휴완) : 겁많은 사람이 용감해 지고, 무너진 성은 수리하여 완전하게 되다.

恕 용서할 서

▷ 용서하다, 동정하다.

【자원】 형성. 如(같을 여-음과 뜻부분)와 心(마음 심-뜻부분)으로 구성되어, 남의 처지와 같이〔如〕 되보는 마음〔心〕을 말하여 '용서하다'의 뜻이 되었다.

◎ 容恕(용서) : 관용을 베풀어 벌하지 않다.
◎ 忠恕(충서) : 충직하고 동정심이 많은 것.

慕 사모할 모

▷ 사모하다, 생각하다.

【자원】 莫(=暮〈저물 모〉의 변형)와 心(마음 심)으로 구성되어 날이 저물면〔莫〕 그리운 마음〔心〕이 생긴다는 뜻.

◎ 慕心(모심) : 사모하는 마음.
◎ 慕情(모정) : 사모하는 정.
◎ 戀慕(연모) : 서로 그리워하다.

戈部

창 과

상형.
날이 두 가닥으로 되어 있는 창의 모양을 본뜬 글자.

戈
창 과

▷ 창.
【자원】 상형. 戈. 날이 두 가닥으로 되어 있는 창의 모양
을 본뜬 글자. 창은 싸움에 쓰이는 무기이므로 '전쟁'
의 뜻으로도 쓰인다.

◎ 干戈(간과) : 방패와 창. 전쟁에 쓰이는 병기.

戊
무성할 무

▷ 무성하다, 다섯째 천간.
【자원】 상형. 戊(＝戉 : 도끼 월). 도끼 모양을 본뜬 글자.
※또는 초목의 무성함을 본떴다고도 한다. 방위로는 중
앙. 시간으로는 오전 4시를 나타낸다.

◎ 戊辰(무진) : 육십갑자의 다섯째.

戌
때려부술 술

▷ 때려부수다, 개, 열한번째 지지.
【자원】 하나〔一〕도 남김없이 때려 부순다〔戊 : 도끼 월〕는
뜻. ※또는 무기의 하나인 큰 도끼의 날 부분을 그린
형태에서 발전한 상형문자라고도 한다. 동물로는 개를
나타낸다.

◎ 戌時(술시) : 오후 7시～9시 사이.

획순 丿 厂 厂 戊 戌 戌

戍
수자리 수

▷ 수자리, 지키다.
【자원】 人(사람 인)과 戈(창 과)로 구성된 글자. 창〔戈〕을
들고 지키는 사람〔人〕을 나타낸다.

◎ 戍鼓(수고) : 변방을 지키는 병사들이 치는 북.
◎ 戍卒(수졸) : 국경을 지키는 병사.

<table>
<tr><td>

成
이룰 성

</td><td>

▷ 이루다, 되다.

【자원】 형성. 丁(장정 정 – 음부분)과 戊(도끼 월 – 뜻부분)로 구성되어 장정〔丁〕이 무기〔戊〕를 들고 전쟁터에 나간다는 뜻. ※또는 丁(장정 정)과 戊(무성할 무)로 구성되어, 무성한 나무〔戊〕처럼 혈기왕성한 장정〔丁〕이 목표한 일을 '이룬다'는 뜻으로 된 글자로 보기도 한다.

◎ 成功(성공) : 목적하던 일을 이룩하다.
◎ 成吉思汗(성길사한) : 원(元)나라의 태조. 징기스칸. 대몽고제국을 건설한 왕.
◎ 達成(달성) : 뜻한 바를 이루다.

</td></tr>
<tr><td>

我
나 아

</td><td>

▷ 나, 우리.

【자원】 회의. 扌(＝手 : 손 수)와 戈(창 과)로 구성되어 손〔手〕에 창〔戈〕을 들고 자기를 방어하는 '나'를 뜻한 글자.

◎ 我軍(아군) : 우리편 군사.
◎ 我田引水(아전인수) : 자신의 논에 물을 댄다. 곧 자기에게 이로운 대로만 하다.

획순　　´　二　千　手　我　我　我

</td></tr>
</table>

시조감상

벼슬을 저마다 하면 농부할 이 뉘 있으며
의원이 병 고치면 北邙山(북망산)이 저러하랴
아해야 잔 가득 부어라 내 뜻대로 하리라
– 김창업 –

金昌業 : 1658~1721. 숙종 때 진사에 잠시 나아갔다 곧 물러나 전원생활을 하였다.
호는 노가재(老稼齋) 또는 석교(石郊).

戶部

지게문, 집 호

상형.
戶 . 문의 반쪽을 본뜬 글자.

房
방 방

▷ 방.
【자원】 형성. 戶(집 호-뜻부분)와 方(모 방-음과 뜻부분)으로 구성된 글자. 方은 '위치하다'라는 뜻이 있어, 집〔戶〕이 한쪽에 위치한〔方〕 방을 뜻한 글자.

◎ 房杜姚宋(방두요송) : 당(唐)나라시대에 네 사람의 유명한 재상. 방교(房喬), 두여회(杜如晦), 요숭(姚崇), 송경(宋璟).
◎ 房玄齡(방현령) : 방교(房喬). 당태종(唐太宗)이 창업을 하도록 보필한 공신(功臣)으로 명재상(名宰相). 박학(博學)하며 정사(政事)를 잘 다스려 두여회(杜如晦)와 함께 정관(貞觀)의 방두(房杜)라고 한다.
◎ 冷房(냉방) : 시원하게 한 방. 혹은 방을 시원하게 하다.
◎ 獨房(독방) : 혼자서 쓰는 방.

획순　　一　厂　尸　戶　戶　戶　房　房

所
바 소

▷ 바, 곳, 처소.
【자원】 형성. 戶(집 호-음과 뜻부분)와 斤(도끼 근-뜻부분)으로 구성된 글자. ※도끼〔斤〕로 나무에 도끼질을 하는 것은, 문을 계속 여닫듯이 연속으로 해야 하므로 斤에 戶를 더했다고 한다. 도끼에 찍힌 자국을 나타내 '장소'의 뜻이 되었다고 한다.

◎ 所得(소득) : 얻은 바의 이익.
◎ 所得稅(소득세) : 1년간의 소득액(所得額)을 표준으로 하여 부과하는 국세(國稅).
◎ 所聞(소문) : 들은 것.
◎ 所向無敵(소향무적) : 매우 강하여 어디를 가나 대적할 자가 없다.
◎ 場所(장소) : 곳. 처소

手部

손, 재주, 솜씨 수

상형.

扌. 손가락을 편 팔의 모양을 본뜬 글자. 변으로 쓰일 때는 扌로 모양이 바뀐다.

才
바탕 재

▷ 바탕, 재주.

【자원】 상형. 扌. 초목의 싹이 땅 위로 솟아있는 모양을 나타낸다. ※혹은 신성한 장소임을 표시하기 위해 세운 나무의 모양을 본뜬 글자라고도 한다.

- ◎ 才能(재능) : 재주와 능력.
- ◎ 才子佳人(재자가인) : 재주있는 사람과 아름다운 여자.
- ◎ 秀才(수재) : 재주가 뛰어난 사람.

打
칠 타

▷ 치다.

【자원】 형성. 扌(손 수-뜻부분)와 丁(못 정-음과 뜻부분)으로 구성되어 손[扌]으로 망치를 들고 못[丁]을 친다는 뜻.

- ◎ 打開(타개) : 어렵고도 얼크러진 일을 잘 처리해 나아가다.
- ◎ 打成一片(타성일편) : 쳐서 한 덩어리로 만들다.
- ◎ 强打(강타) : 세게 치다.

扶
도울 부

▷ 돕다, 붙들다, 부축하다.

【자원】 형성. 扌(손 수-뜻부분)와 夫(남편 부-음과 뜻부분)로 구성된 글자. 지아비[夫]를 붙잡아[扌] '돕는다'는 뜻.

- ◎ 扶老攜幼(부로휴유) : 노인은 부축하고 어린아이는 끌고 함께 가다.
- ◎ 扶養(부양) : 생활을 돌보아 주다.
- ◎ 扶持(부지) : 버텨 나가다.

획순   一 十 扌 扩 扶 扶 扶

承
이을 승

▷ 잇다, 받들다.
【자원】 회의. 㿻. 병부〔᷇ : ㄗ〕를 양손〔バ : 廾〕으로 받들고 있는 것을 손〔ㄓ〕으로 '받든다'는 뜻.

◎ 承繼(승계) : 뒤를 잇다. 계승하다.
◎ 承上接下(승상접하) : 윗사람을 받들고 아랫사람을 어거하여 그 사이를 잘 주선하다.
◎ 承認(승인) : 일정한 사실을 인정하다.

▐획순▌ ᷇ 了 予 矛 手 承 承 承

折
꺾을 절

▷ 꺾다, 굽히다.
【자원】 扌(손 수)와 斤(도끼 근)으로 구성된 글자. 도끼〔斤〕를 든 손〔扌〕으로 나뭇가지를 '꺾는다'는 뜻.

◎ 折槁振落(절고진락) : 마른 나무를 꺾고 낙엽을 떨구다. 곧 일이 손쉽게 이루어지는 것을 비유한 것.
◎ 折半(절반) : 하나를 반씩 둘로 나누다.
◎ 挫折(좌절) : 계획이나 운동이 실패되다. 기운이 꺾이다.

拜
절할 배

▷ 절, 공경하다, 굴복하다.
【자원】 회의. 𢁅. 手+手와 丅(下 : 아래 하의 변형)으로 구성되어, 두 손을 모아 머리를 아래로 숙이는 모습을 나타내어 '절하다' '공경하다'를 뜻하게 되었다.

◎ 拜禮(배례) : 절하는 예.
◎ 拜火敎(배화교) : 불을 섬기는 교 조로아스터 교
◎ 參拜(참배) : 신이나 부처에게 절하다.

拳
주먹 권

▷ 주먹.
【자원】 龹(움켜질 권)과 手(손 수)로 구성된 글자. 손을 움켜진 것이 주먹이다.

◎ 拳拳服膺(권권복응) : 충실하고 부지런히 지켜 잠시도 잊지 않는다는 뜻.
◎ 拳鬪(권투) : 주먹으로 하는 운동.
◎ 空拳(공권) : 맨주먹.

支部

지탱할 지

상형.
손에 대나무가지를 쥐고 있는 모양을 본뜬 글자.

支
지탱할 지

▷ 지탱하다.
【자원】 상형. 支. 손에 대나무가지를 쥐고 있는 모양을 본뜬 글자. ※혹은 회의문자로, 十(＝↑ : 댓가지 개의 변형)와 又(손 우)로 구성되어 '댓가지'로 '버틴다' 하여 '지탱하다'의 뜻이 되었다고도 한다.

◎ 支離滅裂(지리멸렬) : 여지없이 흩어져 갈피를 잡을 수 없다.
◎ 支柱(지주) : 버티는 기둥.
◎ 地支(지지) : 육십갑자의 아랫부분을 이루는 요소

획순　一　十　支　支

시조감상

국화야 너는 어이 삼월동풍 다 지내고
落木寒天(낙목한천)에 네 홀로 피었는다
아마도 傲霜孤節(오상고절)은 너뿐인가 하노라
　　　　－이정보－

봄은 어떠하여 초목이 다 즐기고
가을은 어떠하여 草衰兮(초쇠혜)이 木落(목락)인고
松竹(송죽)은 四時長靑(사시장청)하니 그를 슬퍼하노라
　　　　－이정보－

李鼎輔 : 1693~1766. 영조 때 정시 문과에 급제.
사륙체(四六體) 문장과 글씨와 시조와 한시에 능함.
호는 삼주(三州).

攴(攵)部 칠 복

상형.
· 손에 회초리를 쥐고 있는 모양을 본뜬 글자.

改 고칠 개

▷ 고치다, 바로 잡다.
【자원】 형성. 己(몸 기-음부분)와 攵(두드릴 복-뜻부분)으로 구성되어, 자기 자신을 채찍질하여 반성한다는 뜻. ※또는 己를 '아이'로 보고, 아이의 잘못을 매로 쳐서 바로 잡는다는 데서 '고치다'의 뜻이 되었다고도 한다.

◎ 改過遷善(개과천선) : 자신의 허물을 고치고 착하게 되다.
◎ 改良(개량) : 좋도록 고치다.
◎ 改善(개선) : 좋게 고치다.

政 정사 정

▷ 정사, 정치, 바로 잡다.
【자원】 형성. 正(바를 정-음과 뜻부분)과 攵(칠 복-뜻부분)으로 구성되어 정사를 바로 잡기 위하여 채찍질 한다는 뜻. 즉 편달하여 바르게 백성을 이끈다 하여 '정사'의 뜻이 된 글자.

◎ 政權(정권) : 정치를 행하는 권력.
◎ 政者正也(정자정야) : 정(政)자의 본뜻은 천하를 바르게 한다는 뜻.
◎ 政治(정치) : 주권자가 그 영토와 국민을 다스리다.

教 가르칠 교

▷ 가르치다, 본받다.
【자원】 형성. 爻(수효 효)와 子(아들 자-음과 뜻부분)와 攵(칠 복-뜻부분)으로 구성되어, 손에 회초리를 들고 수효를 배우게 인도한다는 뜻에서 '가르치다'라는 뜻이 되었다.

◎ 教示(교시) : 가르쳐 보이다.
◎ 教育(교육) : 가르치고 기르다.
◎ 教學長相(교학장상) : 남을 가르치는 일과 스승에게 배우는 일이 서로 도와서 자신의 학업을 증진시키다.

획순 ㄨ ㄨ 孝 孝 孝 對 敎 敎

文部 글월 문

상형.
글자의 획을 이리저리 그어서 만들어진 모양을 본떴다.

文 글월 문

▷ 글, 문서, 무늬.
【자원】 상형. 夾. 글자의 획을 이리저리 그어서 만들어진 모양을 본떴다. ※혹은 무늬가 엇갈린 모양을 본떴다고 하며, 무늬가 나타내는 것이 '글자'이고 무늬처럼 꾸민 것이 '문장'이라는 뜻.

◎ 文盲(문맹) : 글자를 읽지 못하다. 또는 그 사람.
◎ 文房四友(문방사우) : 종이, 붓, 먹, 벼루의 네 가지.
◎ 文不可點(문불가점) : 글이 너무 잘되어 한 점도 가필할 곳이 없다.
◎ 文飾(문식) : 꾸미다. 장식하다.

획순　`丶　亠　ナ　文`

斗部 말, 별이름 두

상형.
斗. 자루가 달린 말(용량을 되는 그릇의 하나)의 모양을 본뜬 글자.
※별이름을 말할 때는 북두칠성을 가리킨다.

料 헤아릴 료

▷ 헤아리다, 삯, 값, 원료.
【자원】 회의. 米(쌀 미)와 斗(말 두)로 구성되어 쌀〔米〕을 말〔斗〕로 된다는 데서 '헤아리다'의 뜻이 되었다.

◎ 料量(요량) : 앞일에 대하여 미리 생각하고 헤아리다.
◎ 原料(원료) : 물건을 만드는 재료

획순　`丶　丷　亠　半　米　料`

斤部

도끼 근

상형.

斤·'厂'는 도끼. 'ㄴ'는 잘라 놓은 나무를 본뜬 글자.

斥 내칠 척

▷ 내치다, 쫓다.

【자원】斤(도끼 근)과 ﹅(찍을 주)로 구성된 글자.

◎ 斥呼姓名(척호성명) : 어른의 이름을 함부로 부르는 것.
◎ 斥和(척화) : 화의(和議)를 물리치다.
◎ 斥候(척후) : 적군의 형편을 엿보다. 또는 엿보는 군사. 척후병(斥候兵).
◎ 排斥(배척) : 물리쳐서 내치다.

斧 도끼 부

▷ 도끼.

【자원】父(아비 부)와 斤(도끼 근)으로 구성되어 있는 글자.

◎ 斧柯(부가) : 도끼의 자루.
◎ 斧質(부질) : 작두, 또는 작두로 잘라 죽이다. 동斧鑕(부질).
◎ 斧鑕之刑(부질지형) : 사형을 뜻한다.

新 새 신

▷ 새롭다.

【자원】형성. 立(辛〈매울 신〉의 획줄임 – 음부분)과 木(나무 목)과 斤(도끼 근)으로 구성되어 도끼로 나무를 찍어낸 자리에 돋아난 싹을 가리켜 '새롭다'의 뜻이 된 글자.

◎ 新浪漫主義(신낭만주의) : 우주와 인생의 밑바탕에 잠재한 신비적인 방면에 접촉하고자 노력하는 문예상의 주의.
◎ 新年(신년) : 새해.
◎ 新設(신설) : 새로 설치하다.
◎ 新陳代謝(신진대사) : 묵은 것은 차례로 가고 새 것이 이에 대신하다. 또는 생물체(生物體)에서 영양분을 섭취하고 배설하는 작용.

획순 ㅗ ㅛ ㅍ 辛 亲 新 新 新

方部

모, 방향 방

상형.
두 척의 배를 옆으로 나란히 잇댄 것이 네모져 보인다는 데서 '모나다'의 뜻이
있고, 또한 뱃머리는 목적지를 가리킨다 하여 '방향'을 뜻하기도 한다.

方
모 방

▷ 모, 방향, 방법, 바야흐로.

【자원】 상형. ﾌ. 두 척의 배를 옆으로 나란히 잇댄 것이 네모져 보인다는 데서 '모나다'의 뜻이 있고, 또한 뱃머리는 목적지를 가리킨다 하여 '방향'을 뜻하기도 한다. ※쟁기가 앞으로 나아가며 땅을 가는 모양을 본떠 '방향'을 나타낸 글자라고도 한다.

◎ 方今(방금) : 지금 바로. 이제 막.
◎ 方圓可施(방원가시) : 무슨 일을 하여 잘하는 것.
◎ 方向(방향) : 향하는 쪽.

획순 ' 一 亐 方

於
어조사 어

▷ 어조사(~에서, ~보다), 감탄하는 소리.

【자원】 㒖. 까마귀가 날아가는 모양을 본뜬 글자로 '까욱'하는 소리가 감탄사 '아' 소리와 비슷하기 때문에 의성어로 쓰이게 되었다. ※어조사(한문 문장의 전치사)로 쓰일 경우 장소, 대상, 비교 등을 나타내며, 우리말로 '~에, ~에게, ~에서, ~~로, ~보다'로 새긴다.

◎ 於焉間(어언간) : 어느덧. 어느 사이에.
◎ 於乎(오호) : 감탄하는 소리.(이 경우는 음이 '오'이다)

旋
돌이킬 선

▷ 돌이키다, 돌다.

【자원】 ⻊(깃발 언)과 疋(발 소)로 구성되어 장수가 지휘하는 깃발에 따라 군사들이 발(疋)을 '돌린다'는 뜻.

◎ 旋回(선회) : 빙빙 돌다.
◎ 周旋(주선) : 일이 잘 되도록 여러 가지로 마련하다.

※ 싸움터에서 '돌아온다'는 뜻으로 파생되었다.

◎ 旋師(선사) : 싸움에 이기고 군사를 인솔하여 돌아오다.
◎ 旋興旋廢(선흥선폐) : 갑자기 융성하고 갑자기 쇠퇴한다는 뜻으로 변천이 심한 것을 뜻한다.

旗
기 기

▷ 깃발, 표지.
【자원】형성. 㫃(깃발 언)과 其(그 기)로 구성되어, 싸움할 때에 지휘하기 위하여 높이 올린 '대장의 기'라는 뜻에서 모든 '기'를 일컫게 되었다.

◎ 旗鼓相當(기고상당) : 적과 승패를 다투다. 남과 우열을 가리다.
◎ 旗頭(기두) : 기를 드는 사람. 기수(旗手)와 같다.
◎ 旗手(기수) : 기를 드는 사람.
◎ 旗熾槍劍(기치창검) : 군중(軍中)에서 쓰는 기(旗), 창(槍), 칼 따위.
◎ 國旗(국기) : 나라를 상징하는 기.

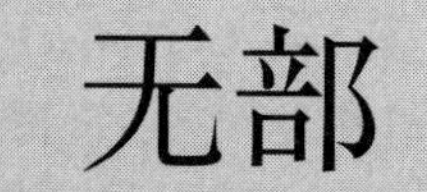

无部
없을 무

無(없을 무)의 고자(古字).

既
이미 기

▷ 이미, 다하다.
【자원】형성. 皀(白과 匕〈고소할 흡〉−뜻부분)과 旡(목멜 기−음부분))로 구성되어 목이 메도록 밥을 먹어 치웠다는 데서 '이미' '다하다'의 뜻이 되었다.

◎ 既往(기왕) : 현재보다 이전. 동 已(이미 이).
◎ 既張之舞(기장지무) : 이미 시작한 일(춤)이므로 중간에 그만둘 수 없다는 뜻. 곧 끝까지 마쳐야 한다.
◎ 既定(기정) : 이미 정해져 있다.

획순 𠂤 𠂤 皀 皀 𣎴 旣 旣 既

日部

날 일

상형.
해를 본뜬 글자.

日
날 일

▷ 해, 날.
【자원】상형. ☉. '해'의 모양을 본뜬 글자. ※해가 떴다가 지면 하루이므로 '날, 하루'의 뜻으로 쓰인다.

◎ 日新月盛(일신월성) : 나날이 새로워 지고 다달이 왕성해 지다.
◎ 日月(일월) : 해와 달.
◎ 休日(휴일) : 쉬는 날.

❖ 曰(말할 왈)과 유사하므로 주의할 것. 日은 가운데 一 의 양끝이 붙었고, 曰은 오른쪽이 떨어져 있다.

※ 日은 해의 모양을 본뜬 글자이다. 해의 모양이므로, 해 의 뜻이 되었다.

◎ 日月星辰(일월성신) : 해와 달과 별.

旦
아침 단

▷ 아침, 새벽.
【자원】해〔日〕가 지평선〔一〕 위로 떠오른다는 뜻에서 '아 침'을 뜻한다.

◎ 旦夕(단석) : 아침과 저녁. 언제나.
◎ 元旦(원단) : 설날 아침.

明
밝을 명

▷ 밝다, 날새다.
【자원】회의. 日(날 일)과 月(달 월)로 구성된 글자. 日(일) 을 창문이라 하여, 창에 비치는 달〔月〕빛이 '밝다'는 뜻 이라 하며, 혹은 해〔日〕와 달〔月〕이 밝은 것이므로 합치 면 밝다하여 '밝다'는 뜻이 된 글자라고도 한다.

◎ 明明白白(명명백백) : 아주 명백한 상태.
◎ 明暗(명암) : 밝기와 어둡기. 밝기와 어두운 정도

획순　丨 冂 円 日 旫 明 明 明

易
바꿀 역

▷ 바꾸다, 주역. 〔이〕－쉽다.
【자원】 상형. 昜. 도마뱀을 본뜬 글자. 도마뱀의 머리는 하루에 여러 번 빛깔이 변하므로 '바뀌다' '쉽다'의 뜻으로 쓰이게 된 글자.

- ◎ 易子教之(역자교지) : 자식을 바꾸어 가르치다. 자기의 자식을 남에게 맡겨 가르치다.
- ◎ 貿易(무역) : 각지의 물품을 교환하는 일. 나라와 나라 간의 재물 교환.
- ◎ 平易(평이) : 까다롭지 않고 쉽다.

星
별 성

▷ 별, 세월.
【자원】 형성. 日(날 일 － 뜻부분)과 生(날 생 － 음부분)으로 구성되어, 빛〔日〕을 발하는 밤하늘에 생겨난〔生 : 날 생〕 별을 뜻한 글자.

- ◎ 星辰(성신) : 별.

※ 온갖 살아있는〔生〕 것들의 위에 별빛이 비추고 있는 것에서 '별'의 뜻이 되었다고도 한다. 뜻이 '세월'로 파생되었다.

- ◎ 星霜(성상) : 1년 동안의 세월.
- ◎ 星行夜歸(성행야귀) : 하늘에 별이 있는 이른 아침에 가서 밤늦게 귀가하다.

映
비칠 영

▷ 비치다, 빛나다.
【자원】 해〔日〕가 하늘 한가운데〔央 : 가운데 앙〕에서 밝게 '비친다'는 뜻. ※또는 하늘 가운데〔央〕에 있는 해〔日〕의 밝은 빛을 받아 물체들이 서로 '비친다'는 뜻이라고 설명하기도 한다.

- ◎ 映雪讀書(영설독서) : 눈의 빛으로 글을 읽다. 진(晉)나라의 손강이 지극히 집안이 가난하여 겨울의 눈빛으로 책을 읽었다고 한다.
- ◎ 反映(반영) : 반사하여 되비치다.
- ◎ 上映(상영) : 영화를 공개하다.

<table>
<tr><td>

是
이 시

</td><td>

▷ 이것, 옳다, 바르다.

【자원】 회의. 日(해 일)과 疋(＝正 : 바를 정)으로 구성된 글자. 해〔日〕 같이 광명정대〔正〕하다는 뜻에서 '바르다' '옳다'의 뜻이 되었는데, 간혹 대명사로 '이것'이라고 쓰인다.

</td></tr>
</table>

◎ 是是非非(시시비비) : 옳은 것은 옳다고 하고 그른 것은 그르다고 하는 것.
◎ 是日(시일) : 이 날.

획순　丨　丨　日　旦　早　早　杲　是

시조감상

까마귀 검다 하고 백로야 웃지 마라
겉이 검은들 속조차 검을소냐
겉 희고 속 검을손 너뿐인가 하노라
－ 이 　 직 －

李稷 : 1362～1431. 자는 우정(虞廷). 호는 형재(亨齋).

까마귀 검다 한들 속까지 검을소냐
慈烏反哺(자오반포)라 하니 새 중에 효자로다
사람이 그 안 같으면 까마귀엔들 비하리
－ 지덕붕 －

池德鵬 : 1804～1872. 자는 군거(君擧). 호는 상산(商山).

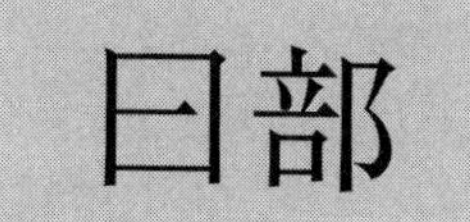 가로 왈

지사.
입(口)에서 나오는 입김(一)을 나타낸 글자. 곧 입을 열고 말함을 뜻한다.

日 가로 왈

▷ 말하다 ※'가로다'는 말하다의 옛 말투.
【자원】 지사. 닙. 입[口]에서 나오는 입김[ㄴ]을 나타낸 글자. 곧 입을 열고 말함을 뜻한다. ※혹은 입[口] 안에 혀[一]가 있어 '말한다'의 뜻을 나타낸다고도 한다.
◎ 曰可曰否(왈가왈부) : 어떤 일에 대하여 좋다거니 좋지 않다거니 하고 말하다.

書 글 서

▷ 글, 책, 편지, 쓰다.
【자원】 회의. 聿(붓 률)과 曰(말할 왈)로 구성되어 붓으로 말한다는 뜻. 곧 '쓰다' 또는 글로 적은 '책'을 뜻한다.
◎ 書架(서가) : 책을 얹는 선반.
◎ 四書三經(사서삼경) : 대학, 중용, 논어, 맹자의 사서와 시경, 서경, 주역의 삼경의 총칭.

※ 뜻이 '편지' 등으로 파생되었다.
◎ 答書(답서) : 받은 편지에 대한 회답의 편지.

會 모일 회

▷ 모이다, 모으다, 맞다.
【자원】 회의. 亼(모일 집)과 ㅁ(창문 창)과 曰(가로 왈)로 구성된 글자. 사람들이 함께 모여 말하는 소리가 창문을 통하여 들려온다는 뜻에서 '모이다'가 되었다. ※한편 삶고 있는 시루[ㅁ]에 뚜껑[亼]이 덮인 모양을 본뜬 글자로, 뚜껑과 시루가 서로 맞닿은 데에서 '만나다' '모이다'의 뜻이 된 글자로 보기도 한다.
◎ 會稽之恥(회계지치) : 전쟁에 패하여 받은 잊을 수 없는 수치심. 월(越)나라 왕 구천(句踐)이 오(吳)나라 왕 부차(夫差)와 회계산의 싸움에서 지고 잡혀 받은 굴욕을 잊지 않기 위해 와신상담(臥薪嘗膽) 끝에 마침내 부차와 다시 싸워서 이긴 고사에서 나온 말.
◎ 集會(집회) : 여럿이 모이다.

 획순 人 𠆢 合 会 侖 侖 會 會

月部

달 월

상형.
이지러진 달을 본뜬 글자.

月
달 월

▷ 달.

【자원】 상형. ☽. 이지러진 달을 본뜬 글자. 혹은 '초승달'의 모양을 본뜬 글자. ※초승달에서 그믐달까지가 한 달이므로, 1년을 열두 달로 나눌 때의 '달'이란 뜻도 있다.

◎ 月光(월광) : 달빛.
◎ 月下老人(월하노인) : 남녀의 인연을 맺어주는 신(神).
◎ 一月(일월) : 12달 중의 첫번째 달.

有
있을 유

▷ 있다, 가지다.

【자원】 형성. 𠂇(＝又〈손 우〉의 변형 — 음과 뜻부분)와 月(＝肉〈고기 육〉의 변형 — 뜻부분)으로 구성되어, 손에 고기를 가진 것으로 '있다'의 뜻을 나타냈다.

◎ 有名無實(유명무실) : 이름만 있고 실상이 없다. 이름만 훌륭하고 그 실질이 없다.
◎ 有益(유익) : 이익이 있다. 이롭다.
◎ 所有(소유) : 가지고 있다. 자기 것으로 가지다.

획순 ノ 𠂇 𣎴 有 有 有

望
바랄 망

▷ 바라다, 기다리다, 보름.

【자원】 형성. 亡(도망할 망 — 음과 뜻부분)과 月(달 월 — 뜻부분)과 王(우뚝설 정 — 뜻부분)으로 구성되어, 떠나간 〔亡〕 님을 그리며 우두커니 서서〔王〕 달〔月〕을 바라보고 있는 모습을 나타낸 글자. 많은 사람들이 바라보는 '보름달'의 뜻도 있다.

◎ 望雲之情(망운지정) : 객지에서 고향에 있는 부모를 생각하는 마음.
◎ 大望(대망) : 크게(많이) 바라다.
◎ 希望(희망) : 어떤 일을 이루고자 기대를 가지고 바라다.

朝
아침 조

▷ 아침, 조정.

【자원】 형성. 倝(=幹 : 해돋을 간 – 뜻부분)과 月(=舟 : 배 주 – 음부분)로 구성된 글자. 해가 돋아 오를 때 아직 지지 않고 있는 조각배 같은 달을 나타낸 글자. ※이른 아침에 신하들이 회의를 열기 때문에 '조정'이란 뜻이 생겼다.

◎ 朝刊(조간) : 아침에 발행되는 신문.

◎ 朝三暮四(조삼모사) : 간사한 꾀로 남을 속이는 것. 옛날에 송(宋)나라의 저공(狙公)이 많은 원숭이를 키웠는데 먹이가 부족해지자 여러 원숭이에게 상수리를 아침에는 3개, 저녁에는 4개를 주겠다고 하니 원숭이들이 성냄으로 다시 그러면 아침에 4개, 저녁에 3개를 주겠다고 하자 원숭이들이 기뻐했다는 고사에서 나왔다.

◎ 朝野(조야) : 조정과 재야. 정부와 민간.

획순   一　十　ナ　肖　肖　卓　朝　朝

시조감상

간밤에 불던 바람 눈서리 치단 말가
落落長松(낙락장송)이 다 기울어 가노매라
하물며 못다핀 꽃이야 일러 무삼하리오
— 유응부 —

俞應孚 : ?~1456. 자는 신지(信之). 호는 벽량(碧梁).

간밤에 불던 바람 滿庭桃花(만정도화) 다 지거다
아이는 비를 들고 쓸려 하는고야
낙화인들 꽃이 아니랴 쓸어 무삼하리오
— 선우협 —

鮮于浹 : 1588~1653. 자는 중윤(仲潤). 호는 둔암(遯菴).

木部 나무 목

상형.
木. 땅에 뿌리를 내리고 서있는 나무를 본뜬 글자.

▷ 끝, 가루.
【자원】지사. 末. 나무〔木〕의 윗부분에 획〔一〕을 그어 나무의 가지 끝을 가리킨 글자. 나무의 끝을 가리키므로 '끝' 이라는 뜻을 나타낸다.

◎ 末端(말단) : 맨 끝.
◎ 末大必折(말대필절) : 초목이 지엽이 커지면 줄기가 부러진다는 뜻. 곧 지손(支孫)이 강성해지면 반드시 종가(宗家)를 멸망시킨다는 말.

※ '가루' 라는 뜻으로 파생되었다.
◎ 粉末(분말) : 가루.

本 근본 본

▷ 근본, 자기자신, 책.
【자원】지사. 本. 나무〔木〕의 아랫부분에 획〔一〕을 그어 나무의 뿌리를 가리킨 글자. 나무의 뿌리는 나무의 근본이기에 '근본' 이란 뜻을 나타낸다. ※ '자기자신' '책' 이라는 뜻으로 파생되었다.

◎ 本然之性(본연지성) : 사람이 본래부터 가지고 있는 심성. 지극히 선하고 조금도 사심이 없는 하늘이 부여한 자연적인 심성.
◎ 本人(본인) : 이 사람. 즉 자기. 당사자.

李 오얏 리

▷ 오얏(자두나무), 행장.
【자원】회의. 나무〔木〕에 귀한 열매〔子〕가 여는 '오얏(자두)나무' 를 뜻한다. ※子(자)는 사람일 경우는 '아들', 동물은 '새끼', 식물은 '씨, 열매' 를 뜻한다.

◎ 李朝(이조) : 이씨 조선의 준말.
◎ 李下不正冠(이하부정관) : 열매있는 오얏나무 아래서는 갓을 고쳐 쓰지 않는다. 곧 남의 오해받을 일을 하지 않는다.
◎ 李花(이화) : 오얏(자두)꽃.

材 재목 재

▷ 재목, 재능.

【자원】 형성. 木(나무 목 - 뜻부분)과 才(바탕 재 - 음과 뜻 부분)으로 구성된 글자. 집을 지을 때 바탕〔才〕이 되는 나무〔木〕, 즉 '재목'을 뜻한다.

- ◎ 材料(재료) : 물건을 만드는 감.
- ◎ 人材(인재) : 학식과 능력이 뛰어난 인물.

東 동녘 동

▷ 동녘, 오른쪽.

【자원】 회의. 木(나무 목)과 日(해 일)로 구성되어, 해가 나무줄기에 걸려 있다는 것으로 해가 떠오르는 방향인 '동쪽'을 나타낸다.

- ◎ 東問西答(동문서답) : 동쪽을 물었는데 서쪽을 대답하다.
- ◎ 東風(동풍) : 동쪽에서 부는 바람. 봄바람.

林 수풀 림

▷ 수풀, 빽빽하다.

【자원】 회의. 나무가 많이 서있음을 나타낸 글자. 木(나무 목)+木(나무 목)은 나무가 많다는 뜻.

- ◎ 林野(임야) : 나무가 늘어서 있는 넓은 땅.
- ◎ 林中不賣薪(임중불매신) : 나무가 많은 곳에서는 장작이 팔리지 않는다는 뜻으로, 사물이 필요한 장소가 아니면 찾는 사람이 없다는 뜻.
- ◎ 竹林(죽림) : 대나무 숲.

栽 심을 재

▷ 재배하다, 심다.

【자원】 형성. 𢦏(해할 재 - 음부분)와 木(나무 목 - 뜻부분)으로 구성된 글자. 나무를 뿌리채 뽑아 옮겨 '심는다'는 뜻. ※모양과 음이 유사한 글자로 載(실을 재), 裁(재단할 재) 등이 있다.

- ◎ 栽植(재식) : 식물을 심어서 기르다.
- ◎ 栽者培之(재자배지) : 심은 것은 북돋아 준다. 곧 쓸만한 것을 인도하다.

획순　十　圥　圥　耂　耂　栽　栽　栽

欠部
하품 흠

상형.
'气'는 기운, '儿'는 사람을 나타내어 사람이 내뿜는 하품을 뜻하였다.

欲
하고자할 욕

▷ 하고자 하다, 바라다.
【자원】 형성. 谷(골짜기 곡 - 음과 뜻부분)과 欠(하품 흠 - 뜻부분)으로 구성되어, 계곡물〔谷〕에 입을 벌리고 있는 모습을 나타낸 글자. ※또는 골짜기〔谷〕같이 입을 벌려〔欠〕먹고 싶어한다는 데서 '탐내다' '하고자 하다' 의 뜻이 된 글자라고도 한다.

- ◎ 欲哭逢打(욕곡봉타) : 울려고 하는 아이를 때려서 울리다. 곧 불평을 품고 있는 사람을 선동하는 것을 뜻한다.
- ◎ 欲望(욕망) : 무엇을 하거나 가지기를 바라다.
- ◎ 欲心(욕심) : 하고자 하는 마음.

歡
기뻐할 환

▷ 기뻐하다, 즐기다.
【자원】 형성. 雚(황새 관 - 음과 뜻부분)과 欠(하품 흠 - 뜻부분)으로 구성된 글자. 황새〔雚〕가 먹이를 보고 입을 벌려〔欠〕기뻐하듯, 입을 크게 벌려 '기뻐함'을 뜻한다.

- ◎ 歡樂極兮哀情多(환락극혜애정다) : 즐거움이 극도에 이르면 또한 슬픔도 많다는 뜻.
- ◎ 歡聲(환성) : 기뻐하며 부르짖는 소리.

획순 ⺾ ⺾ 萑 萑 萑 雚 雚 歡

시조감상

감장새 작다 하고 大鵬(대붕)아 웃지 마라
九萬里(구만리) 長天(장천)을 너도 날고 저도 난다
두어라 一般飛鳥(일반비조)니 네오 제오 다르랴
-이 택-

李澤 : 1509~1573. 자는 택지(澤之).

止部

그칠 지

상형. ⊌ . 발자국을 본뜬 글자.
윗부분은 발가락을, 아랫부분은 발꿈치를 본떴다고 한다.
발을 하나만 그려 '정지' 상태임을 나타낸 것이다.

正
바를 정

▷ 바르다, 바로잡다.
【자원】 회의. 一(한 일)과 止(그칠 지)로 구성된 글자. 한 곳에 멈춘다는 뜻. 즉 두 발을 한 곳[一]에 모아 바로 서있다[止]는 데서 '바르다'를 뜻한다.

◎ 正道(정도) : 바른 도(道). 사람이 행하여야 할 바른 길.
◎ 正義(정의) : 올바른 도리.
◎ 正正堂堂(정정당당) : 태도가 훌륭하다. 사나이답게 일을 행하는 것을 뜻한다.

步
걸음 보

▷ 걷다, 걸음.
【자원】 회의. ⻌ . 止(그칠 지 : 발의 뜻)와 少(止의 반대형 : 발의 뜻)로 구성된 글자. 두 발을 나타내어 두 발로 걷는다는 뜻.

◎ 步道(보도) : 사람이 걸어다니는 길.
◎ 步武堂堂(보무당당) : 걸음걸이가 당당하다. 자신있게 힘차다의 뜻.
◎ 步行(보행) : 걸어서 가다.

武
호반 무

▷ 호반, 군사, 굳세다.
【자원】 회의. 止(그칠 지)와 弋(=戈 : 창 과의 변형)로 구성되어 전쟁을 멈추게 하는 군사를 뜻한 글자.

◎ 武器(무기) : 전쟁에 쓰이는 도구들.
◎ 武陵桃園(무릉도원) : 이 세상과 따로 떨어진 별천지(別天地). 지상 천국을 이르는 말.
◎ 步武(보무) : 걸음걸이.

획순 ｀ 一 二 干 牙 牙 武 武 武

歹(歺)部
뼈앙상할 알

상형.
ᚠ. 살을 발라낸 뼈의 모양을 본뜬 글자.

死
죽을 사

▷ 죽다, 죽음.
【자원】 회의. 歹(뼈앙상할 알)과 匕(＝化〈될 화〉의 고자)로 구성된 글자. 뼈만 앙상하게 남았다 하여 '죽음'의 뜻이 되었다.

◎ 死生(사생) : 죽음과 삶.
◎ 死中求活(사중구활) : 죽을 곳에서도 도망할 길을 찾다. 곧 궁한 곳에서도 살길을 찾다.

획순　一　ㄱ　歹　歹　歹　死

殖
번식할 식

▷ 불어나다, 번식하다.
【자원】 형성. 歹(뼈앙상할 알−뜻부분)과 直(곧을 직−음부분)으로 구성되어 죽어〔歹〕 뻣뻣한〔直〕 것이 부풀어 오른다에서 '불어나다'의 뜻이 된 글자. ※ 뜻이 '번식하다'로 파생되었다.

◎ 殖財(식재) : 재산을 늘리다.

시조감상

검으면 희다 하고 희면 검다 하네
검거나 희거나 옳다 할 이 전혀 없다
차라리 귀 막고 눈 감아 듣도 보도 말리라
− 김수장 −

金壽長 : 1690~?. 자는 자평(子平). 호는 노가재(老歌齋).

殳部

칠, 날없는 창 수

상형.
殳. 손〔彐〕에 몽둥이〔几〕를 들고 있는 모양을 본뜬 글자.

殺 죽일 살

▷ 죽이다, 없애다. 〔쇄〕-감하다.
【자원】 乂(풀벨 예)와 木(나무 목)과 丶(찍을 주)와 殳(칠
수)로 구성된 글자로 나무〔木〕를 찍고〔丶〕 풀을 베듯
이〔乂〕 쳐서〔殳〕 죽인다는 뜻.

◎ 殺生(살생) : 사람이나 짐승을 죽이다.
◎ 殺身成仁(살신성인) : 자신의 몸을 희생하여 인(仁)을 이
루다. 이 세상을 위해 생명을 바치다.

획순 乂 乑 乑 乑 殺 殺 殺 殺

毋部

말, 없을 무

회의. 毋. 女(계집 녀)와 一(한 일)로 구성된 글자. 여자의 부정한 짓을 하나도
못하게 한다는 뜻. '말도록' 한다는 데서 '없다'의 뜻으로도 쓰인다.

母 어미 모

▷ 어머니, 암컷, 근본.
【자원】 상형. 毋. 女에 두 점을 더하여 유방(乳房)을 나
타낸 글자.

◎ 母國(모국) : 자기가 태어난 나라.
◎ 母性愛(모성애) : 어머니의 자식에 대한 깊은 애정.

每 매양 매

▷ 매양, 마다.
【자원】 人(사람 인)과 母(어미 모)로 구성되어 사람은 어
머니로부터 태어난다는 뜻.

◎ 每年(매년) : 해마다.
◎ 每事盡善(매사진선) : 무슨 일이든지 다 잘하다.

획순 丿 乍 乍 每 每 每 每

比部

견줄, 비례 비

두 사람이 나란히 앉아 있는 모양을 본뜬 글자.

比
비례 비

▷ 견주다, 비례하다, 비교하다, 가지런하다.

【자원】 상형. 〈〈〈. 두 사람이 나란히 있는 모양을 본뜬 글자. 두 사람이 나란히 있으면 흔히 어느 쪽이 나은지 비교해 보므로 두 사람을 견주어 본다는 뜻으로도 쓰인다.

◎ 比較(비교) : 서로 견주어 보다.
◎ 比丘尼(비구니) : 불교에 귀의하여 구족계(九足戒)를 받은 여자 중.
◎ 比等(비등) : 서로 엇비슷하다.
◎ 比而不周(비이부주) : 편벽되고 두루 통하지 아니하다. 『논어』 위정편의 문장.

획순　一　上　上　比

毛部

털, 식물, 가늘 모

상형.

. 사람이나 짐승털의 모양을 본뜬 글자.

毫
긴털 호

▷ 긴 털, 가는 털, 붓.

【자원】 형성. 亠(高〈높을 고〉의 획줄임)와 毛(털 모)로 구성되어 높고[高] 긴 털[毛]을 나타낸 글자.

◎ 毫釐之差(호리지차) : 조금의 차이. 아주 작은 차이.
◎ 毫末(호말) : 터럭 끝.
◎ 秋毫(추호) : 썩 작음의 비유.

획순　亠　亠　亠　高　高　亭　毫　毫

氏部

성, 뿌리 씨

땅 속의 뿌리를 나타낸 글자.

氏
성 씨

▷ 성, 뿌리.

【자원】 상형. ᕃ. 땅 속의 굽은 뿌리에서 어린 싹을 내밀고 있는 모양을 본뜬 글자. 나무의 뿌리를 말하는데, 사람의 뿌리라고 할 수 있는 각각의 성을 뜻한다(따라서 흔히 '각씨 씨'라고 한다).

◎ 氏族(씨족) : 같은 조상을 가진 혈족.
◎ 李氏(이씨) : 성씨 중의 하나인 이씨.

民
백성 민

▷ 백성.

【자원】 상형. 民. 어머니가 아이에게 젖을 먹이는 모습을 본뜬 글자. 즉 모든 어머니가 낳아 기른 사람들이라는 뜻. ※또는 풀 싹을 본뜬 글자로서 萌(싹 맹)의 옛 글자인데, 풀이 번성한다는 데서 '백성'의 뜻이 나왔다는 설과, 사람의 눈에 화살이 꽂힌 모양, 즉 노예를 상징한 데서 백성의 뜻이 되었다는 설이 있다.

◎ 民俗(민속) : 백성(국민)의 풍속.
◎ 民心無常(민심무상) : 백성의 마음은 일정하지 않아서 군주가 선정을 베풀면 사모하고 악정을 일삼으면 앙심을 품는다.
◎ 民族(민족) : 인종을 언어와 풍속 등을 표준으로 하여 가른 집단.
◎ 民主主義(민주주의) : 인민을 위하여 인민에 의하여 정치를 행하는 주의.
◎ 民衆(민중) : 백성의 무리. 민간(民間)의 일반 사람들을 말한다.

획순 ㄱ ㄱ ㄕ ㄕ 民

气部 기운, 구름기운 기

气. 구름이 약하게 피어 오르는 모양을 본뜬 글자.

氣 기운 기

▷ 힘, 기운, 기체.

【자원】 气(기운 기 – 음과 뜻부분)와 米(쌀 미 – 뜻부분)로 구성된 글자. 사람은 밥(米)을 먹고 기운을 얻는다는 뜻. 또는 밥(米) 지을 때 나는 '증기'를 뜻하며, '증기'는 구름과 비가 된다 하여 '기후'의 뜻으로도 쓰인다.

◎ 氣絶(기절) : 숨이 끊어지다.
◎ 氣盡力盡(기진력진) : 기력이 전부 없어지다. 힘이 빠지다.
◎ 夜氣(야기) : 밤의 기운.

획순 ′ ′ 气 气 气 気 気 氣

시조감상

구름이 무심하단 말이 아마도 虛浪(허랑)하다
중천에 떠 있어 任意(임의)로 다니면서
구태여 光明(광명)한 날빛을 따라가며 덮나니
     -이존오-

李存吾 : 1341~1371. 는 성무(聖武). 호는 주옹(周翁).

구름빛이 좋다 하나 검기를 자로한다
바람소리 맑다 하나 그칠 적이 하노매라
좋고도 그칠 뉘 없기는 물뿐인가 하노라
     -윤선도-

水部

물 수

상형.
巛 . 물이 흐르는 모양을 본뜬 글자.
변으로 쓰일 때 – 氵, 발로 쓰일 때 – 氺의 모양을 취한다.

氷 얼음 빙

▷ 얼음.
【자원】 회의. 巛(얼음 빙)과 水(물 수)로 구성되어 冰(빙)과 뜻이 같다. 즉 물〔水〕이 얼었다〔氵〕는 뜻.

◎ 氷上(빙상) : 얼음의 위.
◎ 氷水(빙수) : 얼음물.

永 길 영

▷ 길다, 오래다.
【자원】 지사. 氷 . 여러 갈래의 물줄기가 합쳐져 흘러가는 모양을 본뜬 글자로 '길다' '오래다'의 뜻이 되었다.

◎ 永世不忘(영세불망) : 길이 길이 잊지 아니하다.
◎ 永住(영주) : 일정한 곳에 오래 살다.

획순 ` 亅 亅 永 永 永

求 구할 구

▷ 구하다, 탐내다, 요구하다.
【자원】 상형. 求 . 짐승의 털가죽으로 만든 겉옷을 본뜬 글자. 누구나 털옷을 원한다는 데서 '구하다' '탐내다'는 뜻이 되었다.

◎ 求之不得(구지부득) : 구하여도 얻지 못하다.
◎ 求職(구직) : 직업을 구하다.
◎ 探求(탐구) : 조사하여 찾아내다.

沈 잠길 침

▷ 잠기다. 〔심〕 – 성.
【자원】 氵(水물 수)와 尢(머뭇거릴 유)로 구성되어 사람이 물에 잠길듯 말듯 한다는 뜻. ※또는 무덤에 물〔氵〕이 괴어 시체가 잠겼다〔尢〕는 뜻이었으나, 널리 '물에 잠기다'는 뜻이 되었다고 한다.

◎ 沈沒(침몰) : 물에 빠져서 가라앉다.
◎ 沈船破釜(침선파부) : 배가 침몰하고 솥이 부서지다. 곧 목숨걸고 싸우는 것.
◎ 沈着(침착) : 성질이 가라앉고 착실하다.

<table>
<tr><td>

泉
샘 천

</td><td>

▷ 샘, 폭포수.
【자원】 상형. 兪. 바위틈이나 땅속에서 물이 흘러 나오는 모양을 본뜬 글자. ※또는 회의문자로 白(흰 백)과 水(물 수)로 구성되어 깨끗한〔白〕샘물〔水〕이라는 뜻이라고 한다.

◎ 泉石膏肓(천석고황) : 산수를 사랑하는 것이 너무 정도에 지나쳐 마치 불치의 고질병 같은 것을 뜻한다.
◎ 溫泉(온천) : 따뜻한 물이 솟는 샘.

</td></tr>
</table>

<table>
<tr><td>

法
법 법

</td><td>

▷ 법, 방법, 본받다.
【자원】 회의. 물〔氵〕은 반드시 낮은 곳으로 순리대로 흘러간다〔去〕는 데서 '순리', 즉 '법'의 뜻으로 쓰이게 된 글자. ※또는 수면〔氵〕과도 같이 만인 앞에 공평하고 악을 제거〔去〕하는 '법'을 뜻하여 된 글자라고도 한다.

◎ 法醫學(법의학) : 의학과 자연과학을 기초로 하여 법률상의 문제를 연구하고 해석하여 감정(鑑定)하는 학문.
◎ 法定(법정) : 법령으로써 규정하다.
◎ 法治國家(법치국가) : 법으로 다스리는 나라.
◎ 便法(편법) : 간편하고 손쉬운 방법.

</td></tr>
</table>

<table>
<tr><td>

泰
클 태

</td><td>

▷ 크다, 편안하다.
【자원】 회의. 三(석 삼)과 人(사람 인)과 水(물 수)로 구성되어 세 사람〔三人〕이 먹을 수 있는 물〔水〕을 나타낸 글자. 또는 형성문자로서 大(큰 대 - 음과 뜻부분)와 廾(두손 공)과 氺(물 수 - 뜻부분)로 구성되어, 두 손〔廾〕으로 막아내기에는 너무 큰〔大〕 물〔氺〕이라는 데서 '크다' '심하다'의 뜻이 된 글자라고 한다.

◎ 泰斗(태두) : 태산과 북두성.
◎ 泰然自若(태연자약) : 침착하여 조금도 마음이 동요되지 않는 모양.
◎ 泰平(태평) : 몸과 마음, 또는 집안이 평안하다.

</td></tr>
</table>

획순　一　二　三　丰　夫　未　泰　泰　泰

活
살 활

▷ 살다, 활발하다, 생기있다.

【자원】 氵(물 수–뜻부분)와 舌(혀 설–음부분)로 구성된 글자. 목마른 사람에게 물을 주어 혀를 축이게 하여 살리고 생기돌게 한다는 뜻의 글자.

◎ 活動(활동) : 어떤 일을 하려고 기운차게 움직여 동작을 하다.
◎ 活殺自在(활살자재) : 살고 죽이는 것을 마음대로 하다.
◎ 生活(생활) : 살아서 활동하다.

淸
물맑을 청

▷ 물맑다, 맑다.

【자원】 형성. 氵(물 수)는 뜻을 나타내고 靑(푸를 청)은 음을 나타낸다. 물이 맑다는 뜻.

❖ 靑으로 구성된 글자는 淸(서늘할 청), 晴(개일 청), 請(청할 청) 등이 있다. 모두 부수부분은 뜻이 되고 음은 '청'이다.

◎ 淸風明月(청풍명월) : 맑은 바람과 밝은 달.
◎ 淸濁(청탁) : 맑음과 흐림.

획순 氵 氵 氵 氵 清 清 清 清

시조감상

그른 일 몰라 하고 뉘우쳐 다시 마라
알고도 또 하면 내종내 그르리라
眞實(진실)로 허물 곳 고치면 어진 사람 되리라
– 김상용 –

남의 말 이르지 말고 내 몸을 살펴 보아
허물을 고치고 어진 데 옮아스라
내 몸의 온갖 흉 있으면 남의 말을 이르랴
– 김상용 –

金尙容 : 1561～1637. 자는 언장(彦章). 호는 선원(仙源).

火部

불 화

巛. 불이 타오르는 모양을 본뜬 글자.
발로 쓰일 때 'ᄴ' 모양을 취한다.

災
재앙 재

▷ 재앙.
【자원】巛(=川〈내 천〉의 본자)과 火(불 화)로 구성되어 홍수나 불에 타버리는 재앙을 뜻하였다.

◎ 災害(재해) : 재앙으로 인하여 받은 피해.
◎ 火災(화재) : 불로 인한 재앙.

炊
불땔 취

▷ 불때다, 밥짓다.
【자원】회의. 火(불 화)와 欠(하품 흠 : 분다는 뜻)으로 구성되어 아궁이에 입을 대고 불어서 불을 지핀다는 뜻.

◎ 炊金饌玉(취금찬옥) : 금을 때고 옥으로 반찬을 만들다. 곧 비용을 많이 들여 훌륭한 음식을 만들다.
◎ 炊事(취사) : 밥을 짓는 일. 곧 부엌일.
◎ 炊沙作飯(취사작반) : 모래로 불을 때 밥을 짓다. 곧 헛수고만 하다.

烏
까마귀 오

▷ 까마귀, 검다, 탄식하다.
【자원】烏. 까마귀를 본뜬 글자. 까마귀는 검기 때문에 멀리서 보면 눈이 구별되지 않으므로 鳥(새 조)에서 눈을 나타내는 한 획〔一〕을 생략한 것이다.

◎ 烏飛梨落(오비이락) : 까마귀 날자 배 떨어진다. 곧 일이 공교롭게 같이 일어나 남의 의심을 받게 되는 것을 이르는 말.
◎ 烏竹(오죽) : 껍질이 검은 대나무.
◎ 烏合之卒(오합지졸) : 임시로 모은 훈련이 덜되고 규율이 없는 병졸.

획순 ′ 宀 宀 户 户 皀 烏 烏 烏

無 없을 무

▷ 없다, 아니다, 말라.

【자원】 상형. 人(사람 인)과 ﬨ(장작더미)와 灬(＝火 : 불
화)로 구성된 글자. 옛날 죽은 사람〔人〕을 장작더미 위
에 올려놓고 불로 태워 없애는 화장법을 연상시킨다.
태워 없앤다는 데서 '없다'의 뜻이 되었다. ※또는 사
람이 나뭇가지를 들고 춤추는 모양을 본뜬 글자로 춤
추는 모습이 성대하나, 그 춤이 끝나면 흥이 사라진다
는 데서 '없다'의 뜻으로 쓰이게 된 글자라고도 한다.

◎ 無語別(무어별) : 말없이 이별하다.
◎ 無用之物(무용지물) : 아무 짝에도 쓸모없는 물건.
◎ 無罪(무죄) : 죄가 없다.

然 그러할 연

▷ 그러하다, 불사르다, 그러나.

【자원】 형성. 月(＝肉 : 고기 육)과 犬(개 견－음부분)과
火(불 화)로 구성된 글자. 옛날 개고기를 불살라 신에
게 바쳤던 유래에서 나온 글자. 개를 불에 그을려 먹음
은 원래 그러하다 하여 '그러하다'의 뜻으로도 쓰인다.

◎ 自然(자연) : 저절로 이루어진 모양.
◎ 泰然(태연) : 태도나 기색이 아무렇지도 않고 예사로운 것.

획순　′ ク タ ター 夶 狀 狀 然

煩 번거로울 번

▷ 번거롭다, 수고롭다.

【자원】 회의. 火(불 화)와 頁(머리 혈)로 구성되어, 일이
복잡하여 머리에 열이 난다는 뜻.

◎ 煩悶(번민) : 마음이 몹시 답답하여 괴로워하다.
◎ 煩言碎辭(번언쇄사) : 언사(言辭)가 너더분하고 좀스러운 것.
◎ 煩雜(번잡) : 번거롭고 혼잡하다.

燕 제비 연

▷ 제비, 편하다, 잔치, 나라 이름.

【자원】 상형. 燕. 제비의 모습을 본뜬 글자.

◎ 燕居(연거) : 일이 없이 한가히 집에 있다.
◎ 燕雀處堂(연작처당) : 안심하고 있다가 화가 닥쳐오는 것
　　을 모르는 것. 제비와 참새가 사람의 집에 의지하여 집을
　　짓고 살면서 그 집이 불에 타는 것을 모르고 있었다는
　　『공총자』에 나오는 이야기.
◎ 燕鳥(연조) : 제비.

爪部

손톱 조

손으로 물건을 집어 올리는 손톱의 모양을 본뜬 글자.
※부수로 쓰일 때는 '爫'로 모양이 바뀐다.

爭
다툴 쟁

▷ 다투다, 싸우다.
【자원】 회의. 爪(손톱 조)와 彐(손 우)와 亅(갈고리 궐)로 구성된 글자. 서로 손〔爪〕과 손〔彐〕으로 끌어〔亅〕 당기며 '다툰다'는 뜻의 글자.

◎ 爭取(쟁취) : 싸워서 빼앗아 가지다.

획순 ノ ⼇ ⺈ ⺈ 乒 乒 乎 爭

爲
할 위

▷ 하다, 위하다, 되다.
【자원】 상형. 爲. 爫(=爪 : 손톱 조)와 象(코끼리의 모양)으로 구성된 글자. 코끼리〔爲〕의 손〔爪〕은 코로서, 자유 자재로 쓴다는 의미에서 '하다'는 뜻이 되었다. ※또는 원숭이가 앞발톱으로 머리를 긁고 있는 모양을 본뜬 글자로, 원숭이는 앞발을 사람의 손같이 쓴다 하여 '하다'의 뜻으로 쓰이게 되었다고 한다.

◎ 爲富不仁(위부불인) : 부자가 되려면 자연히 어질지 못한 일을 하게 된다.
◎ 爲人(위인) : 사람됨. 천성. 성질.
◎ 爲政(위정) : 정치를 하다.

시조감상

네 아들 孝經(효경) 읽더니 어도록 배웠느니
내 아들 小學(소학)은 모레면 마칠로다
어느 제 이 두 글 배워 어질거든 보려뇨
-정 철-

鄭澈 : 1536∼1593. 자는 계함(季涵). 호는 송강(松江).

父部

아비, 아버지 부

父
아비 부

▷ 아비, 아버지.

【자원】 ᛒ, ㅋ(=又 : 손 우)와 ╱(매)로 이루어진 글자. 손에 매를 들고 자식을 가르치는 아비를 뜻하였다.

- ◎ 父黨(부당) : 아버지의 친구.
- ◎ 父老(부로) : 나이 많은 사람에 대한 존칭.
- ◎ 父母(부모) : 아버지와 어머니.
- ◎ 父母之遺體(부모지유체) : 부모가 남기신 몸, 곧 자식의 신체.
- ◎ 父子有親(부자유친) : 아버지와 아들은 친함이 있다. 오륜(五倫)의 하나.
- ◎ 父傳子傳(부전자전) : 아버지가 아들에게 전하다.

획순 ╱ ╰ ╯ 父

爻部

수효, 괘이름 효

爻
수효 효

▷ 수효, 사귀다, 괘이름.

【자원】 상형. ✕. 고대에 점을 칠 때 사용하는 산가지를 벌여놓은 모양. '—'은 양효(陽爻)이고 '--'는 음효(陰爻)이다. 『주역』은 64괘인데 각각의 괘마다 여섯 개의 효가 있다.

- ◎ 六爻(육효) : 『주역』의 육효(六爻)를 뜻한다. 곧 역(易)의 괘를 이룬 여섯 개의 가로로 그은 획.
- ◎ 卦爻(괘효) : 『주역』의 각 괘가 여섯 개의 효가 있다.

획순 ╱ ✕ 爻 爻

爿部

조각널 장

상형.
爿. 통나무를 둘로 쪼갠 것 중 왼쪽편의 모양을 본뜬 글자.

牀
평상 상

▷ 평상, 마루, 우물 난간.
【자원】상형. 나무로 만든 걸상을 본뜬 침상.

◎ 牀几(상궤) : 침상과 안석.
◎ 牀頭(상두) : 마루가. 침대 근처.
◎ 牀子(상자) : 걸상. 의자.
◎ 牀下安牀(상하안상) : 마루 밑에 마루를 놓다. 곧 필요없는
　　일을 하다.

획순 ㅣ ㅣ ㅓ ㅓ 爿 爿 牀 牀 牀

시조감상

늙은이는 父母(부모) 같고 어른은 兄(형) 같으니
같은데 不恭(불공)하면 어디가 다를꼬
날로서 맏이어시든 절하고야 말으리이다
　　　　　　－주세붕－

周世鵬 : 1495～1554. 자는 경유(景游). 호는 신재(愼齋). 유학자.

늙지 말려이고 다시 젊어 보려하더니
靑春(청춘)이 날 속이고 白髮(백발)이 거의로다
이따금 꽃밭을 지날 제면 罪(죄)지은 듯하여라
　　　　　　－우 탁－

片部

조각, 한쪽 편

상형.
나무 목의 오른쪽 절반을 그려서 본뜬 글자.

片
조각 편

▷ 조각, 한쪽.
【자원】 상형. ㅕ. 米(=木 : 나무 목)의 오른쪽 절반을 그
려서 본뜬 글자.

- ◎ 片言隻字(편언척자) : 한 마디 말과 한 글자.
- ◎ 片肉(편육) : 얇게 썰어놓은 수육.
- ◎ 破片(파편) : 깨진 조각.

획순 丿 丿′ 广 片

版
판목 판

▷ 판목, 인쇄.
【자원】 片(조각 편)과 反(뒤집을 반)으로 구성되어 옛날
글자를 새긴 목판을 뒤집었음을 나타낸 글자. 즉 목판
인쇄를 나타낸다. ※또는 뒤집거나 엎을 수 있도록 조
각낸 판자의 뜻. 혹은 상형문자로서 둘로 쪼갠 '통나무
[木]'의 오른쪽 것의 모양을 본떠 '조각' '쪼개다'의
뜻이 된 글자라고도 한다.

- ◎ 版木(판목) : 인쇄하기 위해서 글자나 그림을 새긴 널빤지.
- ◎ 版本(판본) : 판목에 새겨 인쇄한 책.

시조감상

東窓(동창)이 밝았느냐 노고지리 우지진다
소치는 아이는 여태 아니 일었느냐
재 너머 사래 긴 밭을 언제 갈려 하느니
－남구만－

南九萬 : 1629~1711. 자는 운로(雲路). 호는 약천(藥泉).

牙部

어금니 아

상형.
어금니를 아래 위로 물고 있는 모양을 본뜬 글자.

牙
어금니 아

▷ 어금니, 상아, 대장기.
【자원】 상형. 钥. 어금니를 아래 위로 물고 있는 모양을 본뜬 글자. 코끼리의 어금니로 깃발 끝을 장식했으므로 '대장기'의 뜻으로도 쓰인다.

◎ 牙塔(아탑) : 상아로 만든 탑.
◎ 齒牙(치아) : 이의 높임말.

획순　ー　ㄷ　푸　牙

시조감상

말리소서 말리소서 이 싸움 말리소서
至公無私(지공무사)히 말리소서 말리소서 말리소서
진실로 말리곳 말리시면 蕩蕩平平(탕탕평평)하리이다
－이덕일－

李德一 : 1561～1622. 자는 경이(敬而). 호는 칠실(漆室).

마을 사람들아 옳은 일 하자스라
사람이 되어 나서 옳치곳 못하면
마소를 갓고깔 씌워 밥 먹이나 다르랴
－정　철－

牛部
소 우

상형.
牛 . 두 뿔이 솟고 꼬리를 늘어뜨리고 있는 모양을 본뜬 글자.

物
물건 물

▷ 물건, 만물.
【자원】 형성. 牛(소 우-뜻부분)와 勿(말, 깃발 물-음과 뜻부분)로 구성된 글자. 소는 농가에서 중요한 것이라는 뜻의 글자. ※또는 깃발〔勿〕처럼 줄무늬가 있는 '얼룩소〔牛〕'를 가리킨다고 하며, 소는 농가의 대표적인 물건이라는 데서 '물건' '만물' 이라는 뜻으로 쓰인다.

◎ 物理療法(물리요법) : 내복약(內服藥)을 쓰지 않고 온도 전기 광선 등의 물리적 작용을 이용하여 외부로부터 행하는 치료법.
◎ 物物交換(물물교환) : 화폐를 매개로 통하지 않고 물건과 물건을 직접 교환하는 방법.
◎ 物慾(물욕) : 물건을 탐내는 마음.
◎ 事物(사물) : 일과 물건.

획순 ノ 一 十 牛 牛 物 物 物 物

牧
기를 목

▷ 치다, 기르다, 다스리다.
【자원】 형성. 牛(소 우-뜻부분)와 攵(칠 복-음부분)으로 구성되어 소〔牛〕를 길들인다〔攵〕는 뜻의 글자. ※또는 손에 회초리〔攵〕를 들고 소〔牛〕를 몬다는 데서 동물을 '기르다' '치다'의 뜻이 되었다고 한다.

◎ 牧民官(목민관) : 지방의 백성을 다스리는 벼슬. 도지사, 군수의 직책.
◎ 牧畜(목축) : 소 양 말 등을 목장 또는 들에 놓아 먹여 기르는 것.
◎ 遊牧(유목) : 초원을 따라 옮기면서 양이나 마소 따위를 기르다.

犬部
개 견

상형. 犬. 개의 옆모습을 본뜬 글자.
※ 앞발을 들고 짖는 개의 모양을 본떴다고 한다.
변으로 쓰일 때는 모양이 '犭'으로 바뀐다.

犯
범할 범

▷ 범하다, 죄짓다.
【자원】형성. 犭(개 견)에 巳(=節〈마디 절〉의 옛 글자로 사람을 나타냄)자로 구성된 글자. 개가 사람의 다리를 물려고 하는 모습을 나타낸 글자로 '범하다'의 뜻이 되었다.

◎ 犯法(범법) : 법을 범하다. 법에 어긋나는 짓을 하다.
◎ 犯罪(범죄) : 죄를 짓다.

획순　 ノ 犭 犭 犭 犯

狀
문서 장

▷ 문서. 〔상〕-형상.
【자원】爿(판조각 장-음부분)자와 犬(개 견)으로 구성되어 중요 문서〔爿〕를 보관한 창고 앞에 개〔犬〕가 지키고 있는 것을 나타냈다.

◎ 賞狀(상장) : 상으로 주는 증서.
◎ 形狀(형상) : 물건의 생긴 꼴.

獄
옥 옥

▷ 감옥, 우리, 송사.
【자원】言(말씀 언)과 두 마리의 개로 구성된 글자. 죄인(言 : 말을 잘못한 사람)을 두 마리 개가 지키는 것에서 '감옥'이라는 뜻이 되었다. ※또는 두 마리 개가 서로 다투듯이 두 사람이 말로 다투는 것을 판결하여 벌을 주는 집인 감옥을 뜻한 것이라고도 한다.

◎ 獄中(옥중) : 감옥의 안.
◎ 獄則(옥칙) : 감옥의 법칙.

玉部

구슬, 아름다울 옥

'三'은 세 개의 구슬이며 ' | '은 구슬을 꿴 끈을 나타낸 글자.
점(ﾞ)은 임금 왕(王)자와 구별을 하기 위함이다.
※ 변으로 쓰일 때는 점을 생략함에 유의할 것.

王
임금 왕

▷ 임금, 으뜸.
【자원】 지사. 三(석 삼)은 天(하늘 천) 地(땅 지) 人(사람 인)의 삼재(三才)를 가리키고 ' | '은 이 세 가지를 꿰뚫은 임금을 뜻하는 글자. ※또는 왕권을 상징하는 물건인 큰 도끼의 날을 아래로 드리운 모양을 본떴다고 한다(상형문자).

◎ 王權(왕권) : 왕의 권위.
◎ 王子(왕자) : 왕의 아들.
◎ 王侯將相(왕후장상) : 제왕(帝王), 제후(諸侯), 장수(將帥), 재상(宰相)의 총칭.

획순　一　丁　千　王

珍
보배 진

▷ 보배, 진기하다, 맛좋다.
【자원】 玉(구슬 옥)과 㐱(검은머리카락 진)으로 구성하여 머리결〔㐱〕 같이 고운 구슬〔玉〕을 뜻하였다.

◎ 珍味(진미) : 맛좋은 음식.
◎ 珍羞盛饌(진수성찬) : 맛이 좋고 많이 차린 음식.

班
나눌 반

▷ 나누다, 줄지어서다, 벌려서다, 얼룩지다, 차례.
【자원】 회의. 班. 珏(쌍옥 각)과 刂(칼 도)로 구성되어 두 개의 옥으로〔珏〕 쪼개어 나누어 가진다는 뜻. 한쪽은 조정에 두고 한쪽은 관리가 가져 증거로 삼았던 데서 연유하며, 구슬의 종류에 따라 관리의 지위를 구별지었으므로 '차례'의 뜻이 되었다.

◎ 班門弄斧(반문롱부) : 노(魯)나라의 명공(名工)인 반수(班輸)의 문전에서 도끼를 함부로 휘두른다는 뜻으로 자신의 분수를 모른다는 뜻.
◎ 班示(반시) : 나누어 보이다.
◎ 兩班(양반) : 문관과 무관이 될 수 있었던 계층.

玄部

검을, 아득할 현

지사.
실의 끝부분을 나타낸 글자.

玄
검을 현

▷ 검다, 아득하다.
【자원】 지사. 송 . 실(쏘＝송)의 끝(〈＝ㅅ)부분을 나타낸 글자. ※또는 멀어서 작게〔쏘〕 보이고 또 공기에 가려져〔〈〕 그 빛이 '검게' 보임을 뜻한다고 한다.

◎ 幽玄(유현) : 깊고 그윽하여 알기가 어렵다.

率
거느릴 솔

▷ 거느리다, 좇다, 대강, 소탈하다, 꾸밈없다, 거칠다.
【자원】 형성.

◎ 率去(솔거) : 거느리고 가다.
◎ 率先垂範(솔선수범) : 남보다 앞에서 모범을 보이다.

획순 〈 亠 玄 玄 玄 玄 率 率

瓜部

오이 과

상형.
열매 따위가 덩굴에 달린 모양을 본뜬 글자.

瓜
오이 과

▷ 오이.
【자원】 瓜 . 八〔오이덩굴〕. ㅇ〔열매〕 따위가 덩굴에 달린 모양을 본뜬 글자.

◎ 瓜田(과전) : 오이밭.
◎ 瓜田李下(과전이하) : 남에게 혐의를 받기 쉬운 장소 과전불납리(瓜田不納履) 이하부정관(李下不正冠)의 약자.

획순 〈 厂 瓜 瓜 瓜

瓦部

기와, 질그릇 와

瓦
기와 와

▷ 기와, 질그릇.

【자원】 상형. ᇙ. 지붕에 얹은 기와가 포개져 있는 모양을
본떠 만든 글자.

◎ 瓦家(와가) : 기와집.
◎ 瓦影龜魚(와영귀어) : 거북이나 물고기가 기와의 밑으로
  숨어든다는 뜻으로, 남의 도움을 구하는 것으로 쓰인다.
◎ 瓦全(와전) : 기와로 되어 온전히 남는다는 것으로, 보람없
  이 생명을 보존함을 비유하여 이르는 말.

획순 一 丆 瓦 瓦 瓦

甘部

달, 맛좋을 감

甘
달 감

▷ 달다, 맛좋다.

【자원】 지사. 甘. 입 안〔甘＝口 : 입 구〕에 무엇〔一〕이 있
음을 나타낸 글자. ※또는 입 안〔口〕의 혀〔一〕로 단맛
을 가려내는 것을 가리킨 글자라고 하고, 혹은 자물쇠
를 채운 모양을 본떠, '깊숙히 있다'는 뜻이었으나 후
에 '달다'는 뜻으로 되었다고 한다.

◎ 甘受(감수) : 달게 받다.
◎ 甘言利說(감언이설) : 남의 비위를 맞추는 달콤한 말과 이
  로운 조건을 내세워서 남을 꾀이는 말.
◎ 苦盡甘來(고진감래) : 고생 끝에 즐거움이 오다.

획순 一 十 廿 甘 甘

生部
날, 살, 기를 생

生
날 생

▷ 나다, 살다, 기르다.

【자원】 屮. 초목의 싹이 땅 위로 솟아 나오는 모양을 본뜬 글자로 '나다' '살다' '기르다' 등의 뜻으로 쓰인다.

- ◎ 生長(생장) : 자라나다.
- ◎ 生存(생존) : 살아 있다.
- ◎ 出生(출생) : 태아가 모태로부터 나오다.

획순 ／ ／ 仁 牛 生 生

用部
쓸 용

用
쓸 용

▷ 쓰다, 사용하다.

【자원】 상형. 用. 卜(점 복)과 中(맞힐 중)으로 구성되어 점을 쳤을 때 맞히면(中) 그대로 행하였던 데서 '쓰다'의 뜻으로 쓰였다. ※또는 '用'은 나무를 엮어 세운 목책(木柵)을 본뜬 글자. 목책 안에는 희생으로 사용할 소나 양을 가두어 두었으므로 '사용하다', 즉 '쓰다'의 뜻이 되었다고 한다.

- ◎ 用務(용무) : 볼 일.
- ◎ 用之不渴(용지불갈) : 아무리 써도 없어지지 않는 것.
- ◎ 費用(비용) : 물건을 사거나 일에 드는 돈.

획순 ｜ 冂 月 月 用

田部 밭 전

상형.
□는 사방의 경계선을, ┼은 논두렁을 본뜬 글자.

田
밭 전

▷ 밭.
【자원】 상형. '□'는 사방의 경계선을 '┼'은 논두렁을 본
뜬 글자. 밭의 모양을 본떴으므로 '밭'의 뜻으로 쓰인다.

◎ 田畓(전답) : 논밭. (※ 畓은 우리 나라에서 쓰이는 한자다)
◎ 田舍漢(전사한) : 촌사람. 시골뜨기.
◎ 田園(전원) : 논밭과 동산. 시골.

由
말미암을 유

▷ 말미암다, 까닭.
【자원】 상형. ⊕. 열매가 꼭지에 매달려 있는 모양을 본뜬
글자 ※또는 田(밭 전)의 길을 본뜬 글자로, 밭에 들어
갈 때는 밭길을 말미암아 들어간다고 하여 '말미암다'
의 뜻으로 쓰인 글자라고 한다.

◎ 由來(유래) : 사물의 내력.
◎ 由是觀之(유시관지) : 이 일로 미루어 생각하면. 곧 위에서
받아 아래를 꺼내는 말.
◎ 事由(사유) : 일의 까닭.

획순 丨 冂 冂 由 由

甲
갑옷 갑

▷ 갑옷, 껍질, 첫째 천간, 첫째.
【자원】 상형. ⊕. 씨앗이 싹틀 때 껍질을 뒤집어 쓰고 땅
위로 솟아나는 모양을 본뜬 글자. 껍질 모양을 갑옷에
비겨 '갑옷'의 뜻으로 쓰이고, 금방 돋은 싹이라는 데
서 '첫째'의 뜻으로도 쓰이게 되었다.

◎ 甲論乙駁(갑론을박) : 갑이 이야기하면 을이 반박하다. 서
로 논박하다.
◎ 甲富(갑부) : 첫째 가는 부자.
◎ 鐵甲(철갑) : 쇠붙이를 겉에 붙여 지은 갑옷.

申 펼 신	▷ 펴다, 기지개 켜다, 아홉번째 지지, 원숭이.

【자원】 지사. 𦥔. 양손〔臼 : 양손 국〕을 허리〔丨〕에 짚고 쭉 펴는 모습을 본뜬 글자. ※지지(地支)를 나타낼 때는 아홉째 지지(동물로는 원숭이)로 쓰인다.

◎ 申告(신고) : 보고하는 일.
◎ 申時(신시) : 오후 3시~5시까지.
◎ 申申付託(신신부탁) : 몇번이고 연거푸 간절히 부탁하다.

番 차례 번	▷ 차례, 횟수. 〔파〕-날래다, 날쌔다.

【자원】 형성. 釆(발자국 변-음과 뜻부분)과 田(밭 전-뜻부분)으로 구성된 글자. 밭〔田〕에 씨앗을 뿌리고 지나간 농부의 발자국〔釆〕이 '차례'로 나있음을 나타낸다.

◎ 番地(번지) : 번호를 매겨서 나눈 땅. 또는 그 번호.
◎ 番號(번호) : 차례를 표시하는 숫자와 부호

※ '날래다'로도 쓰이며 '날래다'의 뜻으로 쓰일 때는 음을 '파'로 발음한다.

◎ 番番良士(파파양사) : 날래고 날랜 어진 선비. 『서경』에 나오는 말.

획순 一 ㄫ 丆 平 釆 釆 番 番

시조감상

白頭山(백두산) 내린 물이 鴨綠江(압록강)이 되었도다
크고 큰 天地(천지)에 分界(분계)는 무슨 일고
슬프다 遼東(요동) 옛땅을 뉘라서 찾을소냐
-강응환-

姜膺煥 : 1795~1855. 자는 명서(命瑞). 호는 물기재(勿欺齋).

疋(疋)部   발 소 / 짝 필

疋 · 무릎에서 발끝까지를 나타낸 글자.

疏
성길 소

▷ 성기다, 뚫리다, 상소하다.

【자원】 疋(발 소)와 㐬(떠내려갈 유)로 구성된 글자.

- ◎ 疏略(소략) : 소홀하고 간략함. 정밀하지 못하고 거칠다.
- ◎ 上疏(상소) : 임금에게 글을 올리다. 또는 그 글.
- ◎ 註疏(주소) : 주 내어 해석한 글. 주해.

획순   ㇇ 了 予 疋 疋 疏 疏 疏 疏

疒部   병질 안 / 병 녁

疒 · 병에 걸려 침상에 누워있는 모습을 나타낸 글자.

病
병들 병

▷ 병들다, 앓다, 곤란해하다.

【자원】 형성. 疒(병 녁 – 뜻부분)과 丙(=丙 : 밝을 병 – 음과 뜻부분)으로 구성된 글자. '丙'은 '불'을 의미하므로 병〔疒〕이 더해지며 열이 나면서 앓는 병을 뜻하였다.

- ◎ 病苦(병고) : 병으로 인한 괴로움.
- ◎ 病床(병상) : 병자의 침상.

획순   丶 亠 广 疒 疒 疒 病 病 病

痕
흉터 흔

▷ 흉터, 흔적.

【자원】 형성. 疒(병 녁 – 음부분)과 艮(그칠 간 – 뜻부분)으로 구성되어 다친〔疒〕 자국이 남은〔艮〕 흉터를 뜻하였다.

- ◎ 痕垢(흔구) : 때.
- ◎ 痕迹(흔적) : 남은 형적. 남은 자국.

痛 아플 통	▷ 아프다, 상하다. 【자원】疒(병 녁-뜻부분)과 甬(물솟아오를 용-음부분)으로 구성되어 헌데(疒)가 부어올라 있어(甬) 괴롭고 아프다는 뜻.

◎ 痛切(통절) : 뼈에 사무치게 간절하다.
◎ 痛毁極詆(통훼극저) : 통렬하게 꾸짖다. 어쩔줄 모르도록 몹시 꾸짖고 욕보이다.
◎ 苦痛(고통) : 몸이나 마음의 불만족에서 생기는 괴로움이나 아픔.

癌 종기 암	▷ 암, 종기. 【자원】疒(병 녁)과 嵒(바위 암)으로 구성되어, 뱃속에 돌덩어리 같이 단단한 종기가 생기는 병을 뜻한 글자.

◎ 癌腫(암종) : 암(癌)의 뿌리.

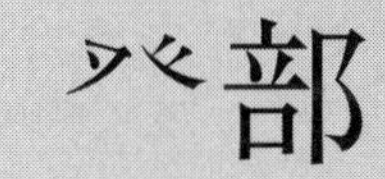

癶部

걸을, 등질 발

癶. 맞대인 두 발의 모양을 본뜬 글자.

發 필 발	▷ 피어나다, 쏘다, 일어나다, 떠나다. 【자원】형성. 癶(걸을 발-음부분)과 弓(활 궁-뜻부분)과 殳(칠 수)로 구성된 글자. 두 발(癶)을 디디고 서서 활(弓)에 화살을 메겨 쏜다는 뜻.

◎ 發見(발견) : 남이 미처 보지 못한 것을 먼저 찾아내다.
◎ 發賣(발매) : 물건을 팔다.
◎ 發憤忘食(발분망식) : 분노가 폭발하여 먹는 것까지 잊다.
◎ 發生(발생) : 생겨나다. 태어나다.
◎ 發車(발차) : 기차, 자동차 등이 떠나가다.
◎ 發行(발행) : 세상에 널리 내놓다. 서적 등을 출판하다.

획순　癶　癶　癶　癶　發　發　發　發

白部

흰 백

지사.
日(해 일)과 丿(빛을 나타냄)으로 구성되어 해의 빛은 희다는 뜻.

白
흰 백

▷ 희다, 밝다, 분명하다, 말하다, 아뢰다.
【자원】 지사. 日(해 일)과 丿(햇빛이 비치는 모양)로 구성되어 해〔日〕의 빛〔丿〕은 희다는 뜻. 해가 떠오르기 전 햇빛이 비춰 하늘이 희끄무레하다는 데서 '희다'라는 뜻을 나타낸다.

※ 말할 때에는 분명하게 해야 하므로 '말하다'의 뜻으로도 쓰인다.

◎ 白骨難忘(백골난망) : 죽어 백골이 되어도 깊은 은덕은 잊을 수 없다.
◎ 白面書生(백면서생) : 얼굴이 흰 서생. 풋내기 서생. 곧 나이가 젊고 경험이 적은 서생.
◎ 白衣(백의) : 흰 옷.
◎ 白話文學(백화문학) : 중국에서 현재의 속어로 쓰는 문학.
◎ 告白(고백) : 솔직히 사실대로 말하다.

皆
다 개

▷ 다, 같다, 모두.
【자원】 회의. 比(나란히 설 비)와 白(말할 백)으로 구성되어 모두가〔比〕 같은 말을 한다〔白〕는 뜻. ※또는 신령에게 비는 그릇〔白〕을 놓고 강림(降臨)을 비니 두 사람의 조상신이 나란히〔比〕 강림함에서 '모두'의 뜻이 된 글자라고 한다.

◎ 皆勤(개근) : 하루도 안 빠지고 출석하다.
◎ 皆旣日蝕(개기일식) : 일식(日蝕) 때 달이 해를 완전히 가려서 암흑상태가 되는 일식.

획순　⼁　⺊　比　比　毕　皆　皆

皮部
가죽 피

상형.
짐승의 가죽을 손으로 벗겨내는 모양을 본뜬 글자.

皮
가죽 피

▷ 가죽, 껍질.

【자원】 상형. 얹. 짐승의 가죽을 손〔又〕으로 벗겨내는 모양〔广〕을 본뜬 글자.

- ◎ 皮相之士(피상지사) : 겉만 보고 내정(內情)은 잘 알지 못하는 사람.
- ◎ 皮肉之見(피육지견) : 겉만 보고 말하는 견해. 천박한 소견.
- ◎ 皮下(피하) : 피부의 밑.

획순 丿 丆 广 皮 皮

皿部
그릇 명

상형. . 고대의 그릇을 본뜬 글자.

益
더할 익

▷ 더하다, 더욱, 넘치다, 이롭다.

【자원】 회의. 烒(＝水 : 물 수)와 皿(그릇 명)으로 구성된 글자. 그릇〔皿〕에 물〔水〕이 넘친다, 혹은 더한다는 뜻. ※또는 물이〔水〕이 그릇 위로 넘쳐 흐르는 모양을 나타낸 글자인데, 물이 넘쳐 흐르는 것은 물을 더 붓기 때문이라 하여 '더하다'의 뜻이 되었다.

- ◎ 益者三友(익자삼우) : 유익한 벗 세 사람. 정직한 사람, 신의가 있는 사람, 박식한 사람.
- ◎ 益鳥(익조) : 이로움을 주는 새.
- ◎ 多多益善(다다익선) : 많으면 많을수록 더욱 좋다.

획순 丷 ⺶ ⺷ 乑 茶 益 益 益

盜
도둑 도

▷ 도둑, 훔치다.
【자원】 회의. 次(침 연)과 皿(그릇 명)으로 구성된 글자. 그릇〔皿〕의 음식을 보고 침〔次〕을 흘리다가 몰래 집어 먹는다는 데서 '도둑'의 뜻으로 쓰인다.

◎ 盜亦有道(도역유도) : 도둑들도 그들 사이에 통하는 도가 있다.
◎ 强盜(강도) : 폭행, 협박으로 남의 재물을 빼앗다.

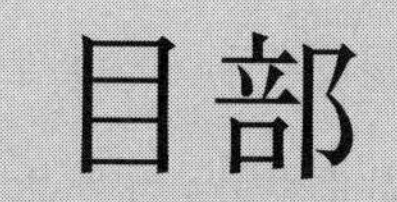

目 部

눈, 볼, 요점 목

상형.
目. 사람의 눈의 모양을 본뜬 글자.

直
곧을 직

▷ 곧다, 바르다, 옳다, 바로.
【자원】 회의. 十(열 십)과 目(눈 목)과 乚(숨을 은의 옛 글자)로 구성되어 많은 사람〔十〕의 눈〔目〕으로 숨김〔乚〕 없이 볼 수 있다는 데서 '바르다' '곧다'의 뜻이 된 글자. ※혹은 十(열 십)과 見(볼 견)을 합하여 만든 글자로, 열〔十〕 개의 눈〔目〕으로 보면 아무리 감추려고 해도 감출 수 없다는 데서 '곧다' '옳다'의 뜻으로 쓰이게 되었다고 한다.

◎ 直視(직시) : 눈을 돌리지 않고 똑바로 보다.
◎ 直言骨髓(직언골수) : 바른 말을 기탄없이 하는 일.

획순 一 ナ ナ 六 方 有 百 直

看
볼 간

▷ 보다, 지켜보다.
【자원】 회의. 手(손 수)와 目(눈 목)으로 구성되어 손〔手〕을 들어 눈〔目〕 위에 얹고 멀리 바라본다는 뜻에서 '보다' '지켜보다'의 뜻으로 쓰이게 되었다.

◎ 看過(간과) : 따지지 아니하고 그대로 보아 넘기다.
◎ 走馬看山(주마간산) : 말을 탄 채 산을 보다. 자세히 보지 않고 대충 훑어 본다는 말.

<table>
<tr><td>

相
볼 상

</td><td>

▷ 서로, 보다, 모습, 재상.

【자원】 회의. 나무(木) 위에서 서로 보고(目) 있는 모습을 나타낸 글자. ※혹은 목수가 재목을 고르기 위하여 나무(木)를 살핀다(目)는 뜻으로, 나무에 눈을 마주한 모습에서 '살피다', 또는 '서로'라는 뜻을 나타낸 글자라고 한다. ※ '서로'에서 '돕다'의 뜻으로 파생되고, 이어 임금을 돕는 '재상'과 노인을 돕는 '지팡이' 등의 뜻으로 파생되었다.

◎ 相扶相助(상부상조) : 서로 돕고 도와주다.

</td></tr>
</table>

<table>
<tr><td>

省
살필 성

</td><td>

▷ 살피다. 〔생〕- 생략하다, 덜다.

【자원】 적은 것(少)까지도 자세히 본다(目)는 데서 '살피다'의 뜻이 되었다. ※또는 少(적을 소)와 目(눈 목)으로 구성된 글자. '少'는 '屮(철)'의 변형으로 갓 돋아난 초목의 싹을 나타내며 이런 작은 물건은 자세히 보기 전에는 알아보기 어렵기 때문에 반드시 시선을 집중해 보아야(目) 한다는 데서 '살피다'의 뜻이 된 글자라고 한다. '생략하다'의 뜻으로 쓰일 때는 음이 '생'이다.

◎ 省察(성찰) : 반성하고 살펴보다.
◎ 省略(생략) : 간단하게 덜어서 줄이다.

</td></tr>
</table>

획순 丿 丿丶 丬丶 少 尐 省 省 省

<table>
<tr><td>

眞
참 진

</td><td>

▷ 참, 바르다, 진실, 사진.

【자원】 회의. 匕(化〈변할 화〉의 옛 글자)와 目(눈 목)과 乚(隱〈숨을 은〉의 옛 글자)와 八(나눌 팔)로 구성된 글자. 변화(匕)하는 것을 눈(目)으로 은밀한(乚) 곳을 살펴 구분한다(八)는 데서 '진실' '참'의 뜻으로 쓰이게 된 글자.

◎ 眞價(진가) : 참된 값어치.
◎ 眞理(진리) : 옳고 바른 이치.
◎ 眞相(진상) : 참된 내용이나 모습.
◎ 眞實無妄(진실무망) : 진실되고 거짓이 없다.

</td></tr>
</table>

획순 一 匕 匕 旨 眉 眉 眉 直 眞

 창 모

장식달린 긴 창을 본뜬 글자.

矛 창 모

▷ 창.

【자원】 장식달린 긴 창을 본뜬 글자. 옛날 싸움터에서 쓰던 기다란 '세모진 창'의 모양을 본뜬 글자.

◎ 矛戈(모과) : 창. 병기(兵器).
◎ 矛盾(모순) : 앞뒤가 맞지 않다.
◎ 蛇矛(사모) : 창의 한 가지.

획순 ㄱ ㄱ ㄱ 予 矛

 화살 시

화살의 모양을 본뜬 글자.

知 알 지

▷ 알다, 깨닫다.

【자원】 형성. 矢(화살 시 – 음과 뜻부분)와 口(입 구 – 뜻부분)으로 구성된 글자. 화살[矢]이 날아가는 소리[口]를 알아듣는다는 뜻. ※혹은 사람이 사리에 통하면 막힘이 없어 말로[口] 거침없이[矢] 표현되기 때문에 '알다'의 뜻이 된 글자라고 한다.

◎ 知己之友(지기지우) : 자기의 마음이나 참된 가치를 이해하여 주는 친구.
◎ 知彼知己(지피지기) : 저쪽의 형편도 알고 자신의 형편도 알다. 곧 싸움에서 적을 알면 이기기 쉽다는 뜻.
◎ 探知(탐지) : 더듬어 살펴서 알아보다.

획순 ノ 丿 느 矢 矢 知 知 知

石部
돌 석

상형.
厂(언덕 엄)과 口(돌덩이)로 구성되어
언덕 아래에 굴러 떨어진 돌덩이 모양을 본뜬 글자.

破
깨뜨릴 파

▷ 깨뜨리다, 쪼개다.
【자원】石(돌 석 – 뜻부분)과 皮(가죽 피 – 음과 뜻부분)로
구성되어 돌의 껍질이 부서진다는 데서 '깨어지다'의
뜻이 되었다.

◎ 破格(파격) : 격식을 깨뜨리다.
◎ 破邪顯正(파사현정) : 사특한 것을 깨뜨리고 바른 법을 나
타내어 널리 펴다.

획순 厂 石 石 石' 矿 矿 砂 破

碧
푸를 벽

▷ 푸르다, 푸른 옥.
【자원】형성. 玉(구슬 옥 – 뜻부분)과 白(흰 백 – 음부분)과
石(돌 석 – 뜻부분)으로 구성되어 백옥(白玉) 같은 돌
〔石〕이 희다 못해 푸른빛이 도는 것을 뜻한 글자.

◎ 碧空(벽공) : 푸른 하늘.
◎ 碧玉(벽옥) : 푸른빛의 옥.

確
확실할 확

▷ 굳다, 확실하다.
【자원】형성. 石(돌 석 – 뜻부분)과 隺(새 높이 날 확 – 음
부분)으로 구성된 글자. 의지가 굳고〔石〕 높다〔隺〕는
데서 '굳다'의 뜻이 된 글자로 굳다는 데서 '확실하다'
의 뜻으로 파생되었다.

◎ 確信(확신) : 굳게 믿어 의심하지 않다.
◎ 確認(확인) : 확실히 인정하다.
◎ 正確(정확) : 바르고 확실하다.

示(礻)部

보일, 지시할 시

지사. '二'는 고문에서 '上'으로 하늘을 뜻하고 '小'는 日, 月, 星의 세 가지를 뜻하여 온갖 길흉을 보여준다는 뜻. 또는 원래 제단의 모습을 본뜬 것이라고 함. 제물을 차려 놓고 신에게 보인다는 뜻에서 '보이다'로 쓰인다. 示부수가 들어간 글자는 대부분 신(神)이나 제사 등과 관련이 있다.

社
모일 사

▷ 모이다, 토지의 신.

【자원】示(神을 뜻함)와 土(흙 토)로 구성된 글자. 示는 제사지내는 것을, 土는 제단을 나타낸다. 제사지낸다는 뜻이나 제사에는 여러 사람이 '모인다'는 데서 사회, 곧 '단체'의 뜻으로 파생되었다.

◎ 社員(사원) : 회사에 근무하는 사람.
◎ 社長(사장) : 회사의 우두머리. 회사의 대표
◎ 會社(회사) : 영리 행위를 목적으로 하는 사단법인.

祈
빌 기

▷ 빌다, 고하다.

【자원】제단〔示〕 앞에서 양손을 도끼〔斤〕모양 처럼 모으고 기도하는 것을 나타낸 것으로 '빌다' '고하다'의 뜻으로 쓰이게 되었다.

◎ 祈求(기구) : 간절히 빌다.
◎ 祈禱(기도) : 신불(神佛)에게 복(福)과 이(利)를 빌다.
◎ 祈雨(기우) : 날이 가물 때 비가 내리기를 빌다.

祭
제사 제

▷ 제사, 제사지내다.

【자원】회의. 夕(肉 : 고기 육)과 又(=又 : 손 우)와 示〔神〕로 구성되어 고기〔肉〕를 손〔又〕으로 집어서 신〔神〕에게 바친다는 데서 제사지내다의 뜻으로 쓰이게 되었다.

◎ 祭器(제기) : 제사 때 쓰이는 그릇.
◎ 祭文(제문) : 죽은 이를 조상하는 글.
◎ 祭祀(제사) : 조상이나 신령에게 음식을 올리고 정성을 표하는 예절.

획순 ク 夕 夕' 欠 奴 怒 孥 祭

内部

짐승발자국 유

상형.
𠕎. 짐승의 발자국 모양을 본뜬 글자로 '발자국'을 나타낸다.
이 부수가 쓰인 글자는 짐승과 관련이 많다.

禽
날짐승 금

▷ 날짐승, 사로잡다.
【자원】 형성. '内'는 네 발, '凶'은 머리를 각각 본떴으며
今(이제 금)은 음(音)을 나타낸 글자.

◎ 禽獸(금수) : 날짐승과 들짐승.
◎ 禽殄(금진) : 잡아 모조리 죽이다.

획순　人 亼 亽 仐 盦 兪 禽 禽

시조감상

空山(공산)에 우는 접동 너는 어이 우짖는다
너도 날과 같이 무슨 離別(이별)하였느냐
아무리 피나게 운들 對答(대답)이나 하더냐
－박효관－

서리 치고 별 성긴제 울며 가는 저 기럭아
네 길이 그 얼마나 바빠 밤길조차 너는것가
江南(강남)에 期約(기약)을 두엇으매 느껴갈까 저헤라
－박효관－

朴孝寬 : 철종 고종 때의 가객. 호는 운애(雲崖).

禾部

벼 화

禾. 볏대〔木〕에 이삭이 고개 숙이고 있는 모양〔丿〕을 본뜬 글자.
이삭이 나온 볏대 모양을 본떠 ‘벼’를 뜻한다.
이 부수가 들어간 글자는 대부분 ‘벼’ ‘곡물’ 등의 뜻이다.

私
사사 사

▷ 사사, 사사로이하다.
【자원】 형성. 禾(벼 화-뜻부분)와 厶(사사 사-음부분)로
구성되어 팔을 굽혀〔厶〕 벼〔禾〕를 끌어안은 모양에서
‘사사롭다’의 뜻이 된 글자.

　◎ 私家(사가) : 사삿 집. 개인의 집. 조정(朝廷)에 대하여 신
　　하(臣下)의 집을 이른다.
　◎ 私利(사리) : 사사로운 이익.
　◎ 私學(사학) : 사립학교. 자신만이 가지고 있고 이 세상에는
　　통하지 않는 학문.

秀
빼어날 수

▷ 빼어나다, 이삭, 벼이삭 패다.
【자원】 상형. 禾(벼 화)와 乃(孕〈잉태할 잉〉의 생략형)으
로 구성되어 벼이삭이 영글어 있는 모습을 본뜬 글자.
이삭이 패어 있는 모양에서 ‘빼어나다’의 뜻으로 파
생되었다.

　◎ 秀傑(수걸) : 재주가 뛰어나고 기상(氣像)이 걸출하다. 또
　　는 그 사람. 보다 뛰어난 것을 말한다.
　◎ 秀麗(수려) : 산수의 경치가 뛰어나게 아름다움.
　◎ 秀才(수재) : 재주가 뛰어난 남자.

획순　丿 二 千 禾 禾 秂 秀

秉
잡을 병

▷ 잡다, 볏단.
【자원】 禾(벼 화)와 ⺕(手 : 손 수)로 구성되어 벼를 손으
로 잡고 있는 모습을 나타낸 글자.

　◎ 秉公持平(병공지평) : 공평하게 일을 처리하는 것.
　◎ 秉權(병권) : 정권을 잡다. 또는 권력을 잡다.
　◎ 秉燭(병촉) : 촛불을 밝히다.

穴部

구멍 혈

〺(집 면)과 八(나눌 팔)로 구성되어
땅을 파서 만든 움집을 뜻한 글자.

穴
구멍 혈

▷ 구멍, 움집.

【자원】 회의. 〺(움집 면)과 八(나눌 팔)로 구성되어 땅을 파서[八] 만든 '움집[〺]'이나 '구멍'을 뜻한다. ※혹은 상형문자로 구멍이나 굴의 모양을 본뜬 글자라고도 한다. 이 부수가 쓰인 글자의 뜻은 대부분 구멍이나 구멍 모양의 물건 등을 나타낸다.

◎ 穴居(혈거) : 굴 속에서 살다.
◎ 虎穴(호혈) : 범의 굴.

突
부딪칠 돌

▷ 부딪치다, 갑자기.

【자원】 개[犬]가 구멍[穴]에서 갑자기 튀어나옴을 뜻한 글자. 갑자기 튀어나온다는 데서, '갑자기' 또는 '부딪치다'의 뜻이 되었다.

◎ 突然(돌연) : 갑작스럽게. 뜻밖에.
◎ 突出(돌출) : 툭 튀어나오다.
◎ 突破(돌파) : 뚫고 나가다.

穿
뚫을 천

▷ 뚫다, 꿰다.

【자원】 穴(구멍 혈)과 牙(어금니 아)로 구성된 글자. 씹어서 구멍을 낸다는 뜻과 사랑니가 잇몸을 뚫고 나온다는 뜻.

◎ 穿孔(천공) : 구멍을 뚫다.
◎ 穿踰(천유) : 물건을 훔치려고 구멍을 뚫거나 담을 넘어 몰래 들어가다.
◎ 穿耳(천이) : 귀걸이를 달기 위해 귀를 뚫다.

획순　丶 丶 丶 宀 宀 空 空 空 穿

立部
설, 세울 립

상형.

⚖. 땅〔一〕 위에 서있는 사람〔大〕의 모양을 본뜬 글자. 이 부수가 쓰인 글자의 뜻은 대부분 '서있는 동작'을 나타내며, 음부분을 만들어 형성문자가 많다.

章
글 장

▷ 글, 시문, 문장, 표시하다.

【자원】 音(소리 음)과 十(열 십)으로 구성되어 시문이나 글〔音〕의 한 단락〔十〕이 이루어짐을 나타낸 글자. ※또는 회의문자로 辛(매울 신)과 曰(가로 왈)로 구성되어 말〔曰〕을 잘못한 죄인에게 바늘로 찔러〔辛〕 '표시함'을 뜻하여 된 글자라고 한다.

◎ 章句小儒(장구소유) : 문장 글귀의 뜻에만 몰두하고 도(道)에는 통하지 못한 학자.
◎ 章甫冠(장보관) : 은(殷)나라 때의 관(冠) 이름. 공자(孔子)가 이 관을 썼으므로 유학자(儒學者)의 관의 뜻으로 쓴다.
◎ 文章(문장) : 글월.

획순 亠 立 卉 咅 咅 音 音 章 章

童
아이 동

▷ 아이.

【자원】 立(설 립)과 里(마을 리)로 구성되어 마을〔里〕 어귀에 서있는〔立〕 아이를 뜻한 글자. ※또 '立'은 자루가 큰 침을 나타내고 '里'는 '重'의 생략형으로 무거운 짐을 지고 있는 모양인데, 죄를 지어 노역하는 '노예'를 가리킨다고 한다. 노예는 상투를 틀지 못하므로 '어린아이'도 '童'이라고 하였다 한다.

◎ 童顔(동안) : 어린아이 같은 얼굴. 사심이 없는 얼굴. 늙은이의 젊어 보이는 얼굴.
◎ 童話(동화) : 어린이를 상대로 한 재미가 있는 이야기로 교훈이 될 만한 것.
◎ 兒童(아동) : 어린이.

竹部

대, 대나무 죽

상형.
대나무를 본뜬 글자.

竹
대 죽

▷ 대, 대나무.

【자원】 상형. . 대나무의 줄기와 그 잎 모양을 본뜬 글자. ※이 부수가 들어간 글자는 대나무, 혹은 대나무로 만든 기물과 관련이 있다.

◎ 竹頭木屑(죽두목설) : 대조각과 대패밥. 쓸데없는 물건을 비유한 것. 진(晉)나라의 도간(陶侃)이 이것을 버리지 않고 나중에 잘 이용한 고사가 있다.
◎ 竹林(죽림) : 대나무 숲.
◎ 竹馬之友(죽마지우) : 어릴때부터 같이 놀던 친한 친구.

笛
피리 적

▷ 피리.

【자원】 회의. 竹(대 죽)과 由(말미암을 유)로 구성되어 대나무〔竹〕에 뚫린 구멍으로 말미암아〔由〕 소리가 나는 것이 '피리'라는 뜻.

◎ 笛聲(적성) : 피리를 부는 소리.
◎ 牧笛(목적) : 목동이 부는 피리.

筆
붓 필

▷ 붓, 쓰다, 글씨.

【자원】 형성. 竹(대 죽-뜻부분)과 聿(붓 율-음과 뜻부분)로 구성된 글자. 대나무〔竹〕로 만든 붓〔聿〕을 뜻하였다.

◎ 筆耕硯田(필경연전) : 문필로 생활을 하다.
◎ 筆端(필단) : 붓끝.
◎ 筆談(필담) : 글로 써서 서로 의사를 통하는 것.
◎ 筆法(필법) : 글씨를 쓰거나 시문을 짓는 법칙.
◎ 筆者(필자) : 글씨 또는 문장을 쓰거나 지은 사람.

획순 

米部

쌀, 낟알 미

상형.
곡식 낟알〔×〕들이 여기저기 사방〔十〕으로 흩어진 모양을 본뜬 글자.

粉
가루 분

▷ 가루, 분바르다.
【자원】 米(낟알 미-뜻부분)와 分(나눌 분-음부분)으로
구성되어 낟알〔米〕을 잘게 빻은〔分〕 상태, 즉 '가루'를
나타낸 글자.

◎ 粉白不去手(분백불거수) : 늘 화장을 하다. 몸치장에 늘 마
음을 쓰다.
◎ 粉食(분식) : 밀가루 등으로 만든 음식으로 하는 식사.

精
정할 정

▷ 자세하다, 깨끗하다.
【자원】 형성. 米(쌀 미-뜻부분)와 靑(푸를 청-음과 뜻부
분)으로 구성된 글자. 쌀〔米〕을 푸른빛〔靑 : 푸를 청〕이
나도록 씻었다는 데서 '깨끗함'을 뜻한다.

◎ 精選(정선) : 정밀하게 골라 뽑다.
◎ 精神一到何事不成(정신일도하사불성) : 온 마음을 기울여
열중하면 어떠한 일도 다 이루어진다는 뜻.
◎ 精義入神(정의입신) : 오묘한 이치를 깨달아 입신의 경지
에 이르다.

획순　〃　十　米　米　料　精　精　精

시조감상

봄날이 점점 기니 殘雪(잔설)이 다 녹겠다
梅花(매화)는 벌써 지고 버들가지 누르렀다
아이야 울 잘 고치고 菜田(채전) 갈게 하여라
- 신계영 -

辛啓榮 : 1577~1669. 자는 영길(英吉). 호는 선석(仙石).

糸部
실 사

용. 실을 뽑아 감아놓은 실타래의 모양을 본뜬 글자.

系
이을 계

▷ 잇다, 매다, 실마리, 계통.
【자원】실〔糸〕의 끝〔一〕이 이어져 있는 모양을 본뜬 글자로 '이어지다'의 뜻.

  ◎ 系列(계열) : 계통의 서열.
  ◎ 體系(체계) : 낱낱이 다른 것을 계통적으로 종합한 조직적 구성.

糾
살필 규

▷ 살피다, 규명하다.
【자원】糸(실 사)와 丩(얽힐 구)로 구성되어 얽힌 실타래를 푼다는 뜻을 나타낸 글자.

  ◎ 糾明(규명) : 죄과를 조사하여 사실을 밝히다.
  ◎ 糾合(규합) : 흩어진 사람을 한 데 모으다.

約
맺을 약

▷ 약속하다, 맺다, 검소하다, 줄이다, 대략.
【자원】糸(실 사-뜻부분)와 勺(작을 작-음부분)으로 구성되어, 작은〔勺〕 매듭을 짓는다는 뜻. 또 얽어맨다는 뜻에서 '맺다' '약속하다'의 뜻이 되었다.

  ◎ 約婚(약혼) : 결혼하기로 약속하다.
  ◎ 要約(요약) : 말이나 문장의 요점만 간추리다.

絶
끊을 절

▷ 끊다, 으뜸, 뛰어나다.
【자원】형성. 糸(실 사-뜻부분)와 刀(칼 도-음부분)와 巴(＝卩 : 마디 절)로 구성된 글자. 실의 매듭진 부분을 끊는다〔刀〕는 뜻에서 '끊다'로 쓰인다.

  ◎ 絶交(절교) : 서로 사귐을 끊다.
  ◎ 絶望(절망) : 희망이 아주 끊어지다
  ◎ 絶長補短(절장보단) : 긴 것을 잘라 짧은 것에 보태 알맞게 하다.

획순 ＇ ㄠ 糸 糺 約 紌 絈 絶

缶部
장군 부

缶. 아가리가 좁고 배가 불룩한 오지그릇인 장군을 본뜬 글자.

缺
이지러질 결

▷ 깨지다, 이지러지다, 모자라다.

【자원】 형성. 缶(장군 부)와 夬(터놓을 쾌－음부분)로 구성되어 오지그릇〔缶〕의 한쪽이 터졌다〔夬〕는 데서 '깨지다' '모자라다'의 뜻이 되었다.

◎ 缺席(결석) : 자리에 빠지다. 곧 참석하지 않다.
◎ 缺點(결점) : 완전하지 못한 점.

획순 ＇ ＂ 午 缶 缶 缶ㄷ 缺ㄷ 缺

网(罒)部
그물 망

网. 새나 고기를 잡는 그물의 모양을 본뜬 글자.
이 부수가 들어간 글자는 '그물'이나 '그물에 걸리다' 라는 뜻을 갖는 것이 많다.

罪
죄 죄

▷ 허물, 죄.

【자원】 형성. 罒(그물 망－뜻부분)과 非(아닐 비－음부분)로 구성된 글자. 법망〔罒〕에 걸려든 그릇된 짓〔非〕을 가리켜 '죄'를 뜻하게 된 글자. ※또는 그릇된 짓〔非〕을 한 사람을 그물로 새를 잡듯이 잡는다는 데서 '허물' '죄'를 나타낸다고 한다.

◎ 罪目(죄목) : 범죄 사실의 명목.
◎ 罪不容於死(죄불용어사) : 죄가 커서 죽여도 오히려 부족하다.

획순 ㄇ 罒 罒 罪 罪 罪 罪 罪

置 둘 치	▷ 두다, 베풀다. 【자원】형성. 罒(그물 망 – 뜻부분)과 直(곧을 직 – 음부분)으로 구성되어 그물(罒)을 곧게(直) 펼친다는 데서 쳐 두다, 즉 '두다' '베풀다'의 뜻이 되었다.

　◎ 置之度外(치지도외) : 버려두고 눈여겨 보지 않다.
　◎ 設置(설치) : 베풀어서 두다. 설립.

罰 벌줄 벌	▷ 벌, 벌주다, 꾸짖다. 【자원】회의. 罒(그물 망)과 言(말씀 언)과 刂(칼 도)로 구성되어 죄지은(罒) 사람에게 꾸짖어(言) 벌준다(刂)는 뜻. ※혹은 칼(刂)을 들어 위엄을 보이며 꾸짖어(言) '벌준다'는 뜻.

　◎ 罰金(벌금) : 벌로 돈을 내게 하는 형벌.

羊部　양 양

상형. 羊. 양의 머리 모양을 본뜬 글자.
※이 부수가 들어간 글자는 양이나 양과 같은 성질을 나타내는 경우가 많다.

美 아름다울 미	▷ 아름답다, 예쁘다. 【자원】회의. 羊(양 양)과 大(큰 대)로 구성되어 크고 살찐 양을 뜻한 글자. 여기에서 '아름답다' '맛있다' 등의 뜻으로 파생되었다.

　◎ 美談(미담) : 칭찬할 만한 이야기.

義 옳을 의	▷ 옳다, 바르다, 의리. 【자원】형성. 羊(양 양 – 뜻부분)과 我(나 아 – 음과 뜻부분)로 구성되어 나 자신(我)을 희생 양(羊)으로 한다는 뜻을 나타낸 글자. ※또는 '我'는 본래 '톱'의 상형인데, 양(羊)에게 톱질(我)하여 희생으로 삼는다는 뜻의 글자라고 한다. 희생에 사용하는데 신의 뜻에 맞는 것이란 데서 '옳다' '바르다'의 뜻을 나타내는 글자.

　◎ 義兵(의병) : 의를 위해 떨쳐 일어난 병사.

획순　　丷 丷 꾸 羊 羊 孝 義 義

羽部

깃, 날개 우

羽 . 새의 날개 모양을 본뜬 글자.

習
익힐 습

▷ 익히다, 날기 익히다, 버릇.

【자원】 회의. 羽(깃 우)와 白(말할 백)으로 구성되어 날개 짓으로 말한다는 뜻. ※혹은 白을 自(스스로 자)의 획 줄임 형태로 보고, 어린 새가 스스로 날기를 '익힌다' 는 뜻이라고 한다.

◎ 習得(습득) : 익혀서 자기 것으로 만들다.
◎ 習性(습성) : 버릇이 되어버린 성질.
◎ 習與性成(습여성성) : 습관이 배어 자신의 성질을 변화시키는 것.

획순　ㄱ　ㅋ　ㅋㅋ　ㅋㅋ　ㅋㅋ　習　習　習

老(耂)部

늙을, 어른, 익숙할 로

회의. 老 . 耂(毛와 人)과 匕(化 : 될 화의 고자)로 구성된 글자.
사람의 머리털과 수염이 희게 변한 모습을 나타낸 데서 '늙다' 의 뜻이 되고,
늙은이는 경험이 많아 일에 익숙하므로 '익숙하다' 는 뜻으로도 쓰이게 되었다.

者
사람 자

▷ 사람, 놈, 곳, 것.

【자원】 회의. 耂(=老 : 늙을 로)와 白(말할 백)으로 구성되어 어른이 아랫사람을 부를 때 가리키는 상대를 나타낸 글자. 사람이 아닌 사물을 가리킬 때 많이 쓰인다.

◎ 筆者(필자) : 글을 쓴 사람.
◎ 孝者(효자) : 효도라는 것. 효도하는 사람.

획순　+　土　耂　耂　者　者　者

而部

말이을, 너, 뿐 이

상형. 코아래 수염과 턱수염을 나타낸 글자로
입으로 말을 할 때 수염이 움직인다는 뜻이었으나 후에 현재의 뜻으로 바뀌었다.
※문장에서는 흔히 앞의 문장과 뒤의 문장을 연결하는 접속사 역할을 한다.
(～하고, 하여, ～하나 등으로 번역한다.)

耐
참을 내

▷ 참다, 견디다.
【자원】 而(말이을 이)와 寸(법도 촌)으로 구성하여 말을
할 때는 조리있게 해야 하는 것으로 함부로 해서는 안
된다는 뜻.

◎ 耐久力(내구력) : 오래 견디는 힘.
◎ 耐忍(내인) : 참다. 견디어 내다.
◎ 耐寒(내한) : 추위를 견디다.
◎ 忍耐(인내) : 괴로움을 참다.

획순 一 丁 丆 而 而 耐 耐 耐

耒部

가래(쟁기) 뢰

밭갈 때 쓰이는 농기구인 쟁기의 모양을 나타낸 글자.
쟁기의 손잡이부분을 나타낸다.
이 부수가 쓰인 글자의 뜻은 대부분 '농사' '농기구' 와 관련이 많다.

耕
밭갈 경

▷ 밭갈다, 농사짓다.
【자원】 耒(가래 뢰 − 뜻부분)와 井(우물 정 − 음과 뜻부분)
으로 구성되어 가래로 밭을 간다는 뜻. 井은 구획된 농
토를 나타낸다.

◎ 耕作(경작) : 갈아서 농작물을 심다.
◎ 耕種(경종) : 논밭을 갈아 씨앗을 뿌리다.

획순 一 二 丯 丰 耒 耒 耕 耕

耳部
귀 이

상형.
귀의 모양을 본뜬 글자.

耳
귀 이

▷ 귀, 따름이다.
【자원】 상형. ㈔. '귀'의 모양을 본뜬 글자. ※이 부수가
들어간 글자는 대부분 귀가 하는 일과 관련이 있는 뜻
을 갖는다. 한편 문장 끝에 쓰일 때는 흔히 '~일 따름
이다'의 뜻을 갖고 한정형 문장을 만드는 '종결사'이다.

◎ 耳順(이순) : 60의 나이.
◎ 牛耳讀經(우이독경) : 소 귀에 경 읽기.

聖
성인 성

▷ 성인, 뛰어나다, 거룩하다.
【자원】 형성. 耳(귀 이-뜻부분)와 口(입 구)와 王(곧을
정-음부분)으로 구성되어 듣고 말함이 곧은 사람을
나타낸 글자. 또한 어떤 것이든 들으면 잘 통하며 사리
에 참되고 공평하여 덕이 드러나는 사람으로 '성인'의
뜻이 된 글자.

◎ 聖經賢傳(성경현전) : 성인(聖人)이나 현인(賢人)이 지은
경전.
◎ 聖人(성인) : 만세의 스승이 될 만한 뛰어난 사람.
◎ 聖職(성직) : 성스러운 직업.

聽
들을 청

▷ 듣다, 들어주다.
【자원】 형성. ㈗. 耳(귀 이-뜻부분)와 王(곧을 정-음과
뜻부분)과 悳(덕 덕-뜻부분)으로 구성된 글자. 마음을
바로먹고 곧게 '듣는다'는 뜻.

◎ 聽覺(청각) : 소리를 듣는 감각.
◎ 聽而不聞(청이불문) : 들어도 들리지 않다. 곧 한 가지 일
에 열중하면 다른 일은 귀에 들어오지 않는다는 것.
◎ 聽衆(청중) : 강연, 음악 등을 듣는 군중.

획순 「 「 F 耳 耳 耵 聽 聽 聽

聿部 붓, 오직 율

상형.
손에 붓을 쥐고 있는 모양을 본뜬 글자.

聿
붓 율

▷ 붓, 오직.

【자원】 상형. 聿. 손에 붓을 쥐고 있는 모양을 본뜬 글자. 붓이라는 뜻의 글자는 후에 竹이 첨가된 筆(붓 필)로 대체되었다. 이 부수가 들어간 글자의 뜻은 주로 글씨를 쓰거나 그림을 그린다는 의미를 담고 있다.

◎ 聿修(율수) : 조상의 덕(德)을 이어받아 닦다.

肅
엄숙할 숙

▷ 엄숙하다, 공경하다.

【자원】 肀(聿 : 붓 율)과 𣶒(못 연)으로 구성되어, 붓으로 먹물〔𣶒 : 벼루의 먹물이 고인자리〕을 얌전히 혹은 엄숙히 찍는다는 데서 '엄숙하다' '공경하다'의 뜻이 되었다.

◎ 肅殺之氣(숙살지기) : 썰렁한 가을의 기운.
◎ 嚴肅(엄숙) : 장엄하고 엄격하다.
◎ 靜肅(정숙) : 고요하고 정숙하다.

획순 

시조감상

부모님 계신 제는 부몬 줄을 모르더니
부모님 여윈 후에 부몬 줄 아노라
이제사 이 마음 가지고 어디다가 베푸료
-이숙량-

李叔樑 : 1519~1592. 자는 대용(大用). 호는 매암(梅巖).

肉部
고기 육

상형.
베어낸 고기덩이를 본뜬 글자.

肉
고기 육

▷ 고기, 살, 몸.
【자원】 상형. ⑨. 베어낸 고기덩이의 모양을 본뜬 글자. ※부수자로 쓰일 때의 모양은 '月'이다. 단 月〔달 월은 二의 한쪽이 刀에서 떨어짐에 유의〕과의 구분에 주의할 것.

◎ 肉腐出蟲(육부출충) : 근본이 썩어서 폐단과 환란이 이로 말미암아 계속 일어나다.
◎ 肉身(육신) : 사람의 몸.
◎ 肉體(육체) : 사람의 몸.

획순   丨 冂 內 内 肉 肉

肋
갈빗대 륵

▷ 갈빗대.
【자원】 月(살 육)과 力(힘 력)으로 구성되어 힘〔力〕을 주는 근육〔月〕을 나타낸 글자.

◎ 肋骨(늑골) : 갈빗대.
◎ 肋膜炎(늑막염) : 늑막에 생긴 염증.

肩
어깨 견

▷ 어깨, 메다.
【자원】 戶(지게 호)와 月(몸 육)으로 구성되어 지게를 질 때 맞닿은 어깨를 나타낸다.

◎ 肩章(견장) : 어깨에 붙이는 관직의 종류와 계급을 밝히는 문장.
◎ 比肩(비견) : 서로 비슷하다.

育
기를 육

▷ 낳다, 기르다.
【자원】 회의. ⛰. 𠫓(아이 돌아나올 돌)과 月(몸 육)으로 구성되어, 갓 태어난 아이〔𠫓〕의 몸〔月〕을 돌보아 기른다는 데서 '자라다' '기르다'의 뜻이 된 글자.

◎ 育兒(육아) : 어린아이를 기르다.
◎ 育英(육영) : 인재를 기르다. 또는 널리 교육시키다.

획순   ' 一 亠 产 产 育 育 育

臣部

신하 신

임금 앞에서 엎드린 모습을 본뜬 글자.

臣 신하 신

▷ 신하, 백성.

【자원】臣. 임금 앞에서 엎드린 모습을 본뜬 글자. ※혹은 '臣'은 위쪽을 보는 눈의 모양을 본뜬 글자라 한다. 신하는 임금을 우러러 본다는 데서 '신하'의 뜻으로 쓰인다.

◎ 臣僚(신료) : 벼슬아치. 관료(官僚).
◎ 臣下(신하) : 임금을 섬겨 벼슬하는 사람.

臥 누울 와

▷ 눕다, 누이다, 쉬다, 침실.

【자원】회의. 신하가 임금 앞에서 머리를 숙이고 꿇어 엎드리고 있는 것을 뜻한 것으로 굴복(屈伏)이란 일종의 휴식의 뜻이 담겨 있다.

◎ 臥具(와구) : 누울 때 사용하는 도구. 침구(寢具).
◎ 臥薪嘗膽(와신상담) : 섶에 누워 쓸개를 맛본다는 뜻으로, 원수를 갚고자 고생을 참고 견디는 일.

획순 一 丅 丆 匝 臣 卧 臥

시조감상

長松(장송)이 푸른 곁에 桃花(도화)는 붉어 있다
도화야 자랑 마라 너는 一時春色(일시춘색)이라
아마도 四節春色(사절춘색)은 솔뿐인가 하노라
－백경현－

白景炫 : 1519~1592. 자는 대용(大用). 호는 매암(梅巖).

自部
스스로 자

상형.
사람의 코를 정면에서 본 모양을 본뜬 글자.

自
스스로 자

▷ 스스로, 자기, 저절로, ~로부터.
【자원】 상형. 𦣻. 사람의 코를 정면에서 본 모양을 본뜬 글자이다.

◎ 自手成家(자수성가) : 물려받은 재산이 없이 자기 힘으로 재산을 모아 성공한 것.
◎ 自信(자신) : 자기 능력을 스스로 믿다.
◎ 自然(자연) : 저절로 그렇게 되어있는 모양.
◎ 自他(자타) : 자기와 남.

획순　´ 𠂉 𠂤 自 自 自

臭
냄새 취

▷ 냄새, 썩다.
【자원】 상형. 코의 모양을 본뜬 글자. ※혹은 自(스스로 자)와 犬(개 견)으로 구성되어 개가 코로 냄새를 맡는다는 뜻이라고 하는데 바르지 않은 것 같다.

◎ 臭氣(취기) : (가스 따위에서 풍기는) 좋지 않은 냄새.
◎ 惡臭(악취) : 나쁜 냄새.

시조감상

질가마 좋이 씻고 바위 아래 샘물 길어
팥죽 달게 쑤고 절이김치 끄어내니
세상에 이 두 맛이야 남이 알까 하노라
— 김광욱 —

金光煜 : 1580~1656. 자는 회이(晦而). 호는 죽소(竹所).

至部
이를, 지극할 지

상형.
새가 날아내리는 모양,

至 이를 지

▷ 이르다, 지극하다.
【자원】 상형. 지사. ᵓ. ᵓ는 새가 날아내리는 모양. '一'은 땅을 뜻하여 새가 날아내려서〔至＝ᵓ〕 땅〔一〕에 이른다는 데서 '이르다'라는 뜻을 나타내게 된 글자. 뜻이 '지극하다' 혹은 '지극히'로 파생되었다.

◎ 至公無私(지공무사) : 공정(公正)하여 조금도 사사로운 것이 없다.
◎ 至今(지금) : 이제까지. 지금에 이르러.
◎ 至誠(지성) : 지극한 정성.

致 이룰 치

▷ 이루다, 이르다, 보내다.
【자원】 회의. 至(이를 지)와 夊(뒤져올 치)로 구성되어 사람을 전송할 때 처음에는 뒤쳐져서 따라가다가 어느 지점에 이르러서 멀리 보냄을 뜻한 글자. ※혹은 사람이 어떤 곳에 가서〔至〕 도착함〔夊〕을 나타내어 목적을 '이루었다'는 뜻으로 쓰이는 글자라고 한다.

◎ 致命傷(치명상) : 목숨이 위험할 정도의 큰 상처. 명예를 회복하기 힘든 상처.
◎ 致知(치지) : 앎에 이르다.

획순 ㄷ ㄸ ㄸ 至 至 致 致 致

시조감상

細(세)버들 가지 꺾어 낚은 고기 꿰어 들고
酒家(주가)를 찾으러 斷橋(단교)를 건너 가니
그 골에 杏花(행화) 져 쌓이니 갈 길 몰라 하노라

－김광욱－

臼部
절구 구

상형.
⊖. 절구의 모양을 본뜬 글자.

與
더불어 여

▷ 더불다(함께하다), 주다, ~와, 과.
【자원】 회의. 舁(마주들 여)와 与(줄 여)로 구성되어 절구를 맞잡아 들어서 옮겨 준다는 뜻. ※만들어[廾 : 받들 공] 준다[与]는 데서 '주다' '더불다' '참여하다'의 뜻이 된 글자.

◎ 與民同樂(여민동락) : 왕자(王者)는 즐거움을 홀로 즐기지 않고 백성과 함께 즐긴다.
◎ 賞與(상여) : 상으로 금품 따위를 주다.

※ 문장에서 명사와 명사를 연결하는 접속사로 쓰인다.

◎ 富與貴(부여귀) : 부유함과 귀함.

획순 「 F F F F 師 師 與 與

舌部
혀 설

舌
혀 설

▷ 혀.
【자원】 상형. 눕. 干(방패 간)과 口(입 구)로 구성되어 방패 같이 생긴 입 속의 혀를 나타낸 글자. ※혹은 口는 입이며 그 위의 모양은 뱀의 혀 모양을 본떴다고 한다. 이 부수가 들어간 글자는 핥거나 맛보는 것을 뜻하는 경우가 많다.

◎ 舌尙存(설상존) : 명예를 드날릴 수 있는 기량이 아직도 남아 있는 것을 이른다. 장의(張儀)의 고사에서 나왔다.
◎ 舌戰(설전) : 심한 말다툼.

획순 一 二 千 千 舌 舌

舛部

어그러질, 어긋날 천

회의. 㐄. 양다리와 발을 나타낸 글자.
발이 서로 바깥쪽을 향하고 있는데서 어긋나다의 뜻을 나타낸다.
※ 배반하다, 이그러지다 등의 뜻도 있다.

舞
춤출 무

▷ 춤추다.
【자원】 형성. 無(無〈없을 무〉의 변형 – 음부분)와 舛(어긋날 천)으로 구성된 글자. 양다리를 어긋나게 디디며 춤춘다는 것을 나타낸 글자.

◎ 舞臺(무대) : 연극, 노래, 춤 따위를 공연하는 곳.
◎ 舞文弄法(무문롱법) : 법률의 조문을 마음대로 해석하여 법을 남용하다.

획순 一 匕 匚 無 舞 舞 舞 舞 舞

舟部

배 주

月. 통나무를 파서 만든 쪽배를 본떠서 '배'를 뜻하는 글자.
◎ 一葉片舟(일엽편주) : 하나의 잎새 같은 조각배. 작은 배.

般
옮길 반

▷ 돌다, 일반, 옮기다, 돌이키다.
【자원】 회의. 舟(배 주)와 殳(칠 수)로 구성되어, 배에 물건을 싣고 노〔殳 : 손에 몽둥이를 쥐고 있는 모습〕를 저어 옮겨간다는 뜻. 배가 갔다가 '되돌아온다' 는 뜻도 포함한다.

◎ 般旋(반선) : 빙 돌다.

※ 배를 여러 사람이 이용한다는 데서 '일반'의 뜻으로 파생되었다.

◎ 般若湯(반야탕) : 술〔酒〕의 별칭.
◎ 全般(전반) : 통틀어 모두.

획순 丿 丿 舟 舟 舟 般 般

艮部

그칠, 괘이름 간

몸을 돌려 뒤돌아보는 모습을 본뜬 글자.

艮
그칠 간

▷ 그치다, 괘이름.

【자원】 艮. 몸을 돌려 뒤돌아보는 모습을 본뜬 글자. ※원래는 目(눈 목) 아래에 人(사람 인)이 붙은 모양이었는데, 후에 '그치다' '어그러지다' 등으로 쓰이게 되었다. 방위로는 동북방을, 시간으로는 오전 2시~4시를 나타낸다. 부수로 쓰일 때는 주로 '음부분'으로 쓰이며 따라서 상형문자를 만든다.

◎ 艮卦(간괘) : 『주역』의 64괘의 하나.
◎ 艮止(간지) : 머물러야 할 곳에 머무르다.

획순 ㄱ ㄱ ㅋ 阝 阝 艮

色部

빛, 낯빛 색

회의.

사람의 감정이 얼굴에 그대로 나타난다는 뜻.

色
낯빛 색

▷ 빛, 색, 낯빛, 얼굴.

【자원】 회의. 𠂉(人)과 巴(卩 : 무릎마디 절)로 구성되어 사람의 감정이 무릎마디가 들어맞듯이 얼굴에 그대로 나타난다는 뜻.

◎ 色相(색상) : 빛깔의 강약이나 그 어울린 모양.
◎ 色卽是空(색즉시공) : 물질상의 사물은 본래 허무하다는 것.
◎ 染色(염색) : 색깔 있는 것으로 물들이다.

획순 ノ ⺈ ⺈ ⾊ ⾊ ⾊ 色

艸部

풀 초

상형. 艸 . 초목의 싹이 돋아나는 모양을 본뜬 글자. ※草(풀 초)의 본래자.
부수로 쓰일 때는 모양이 '⺿, ⺭'로 바뀐다. 이 글자가 부수로 쓰이면 그 글자의
뜻은 주로 '풀' 이나 '풀로 만든 것' 등 풀과 관련있는 글자이다.

花
꽃 화

▷ 꽃, 꽃피다.
【자원】형성. ⺿(풀 초-뜻부분)와 化(화할 화-음부분)로
구성된 글자. 풀싹〔⺿〕같은 봉오리가 변화한〔化〕 것이
'꽃' 이라는 뜻.

◎ 花信(화신) : 꽃소식.
◎ 花田衝火(화전충화) : 꽃밭에 불을 지른다는 것. 즉 행복할
때 재앙이 일어남을 지칭한 것.

芽
싹 아

▷ 싹, 비롯하다.
【자원】형성. ⺿(풀 초-뜻부분)와 牙(어금니 아-음부분)
로 구성되어 어금니가 잇몸을 뚫고 나오듯 싹을 나타
내는 글자.

◎ 芽甲(아갑) : 떡잎. 새싹.
◎ 發芽(발아) : 싹이 움트다.

草
풀 초

▷ 풀.
【자원】형성. ⺿(풀 초-뜻부분)와 早(이를 조-음과 뜻부
분)로 구성되어 이른 봄〔早〕에 피어나는 풀〔⺿〕을 뜻한
글자.

◎ 草根木皮(초근목피) : 풀뿌리와 나무껍질. 전하여 한약재
나 험한 음식.
◎ 草木(초목) : 풀과 나무.

萬
일만 만

▷ 일만, 많다, 벌.
【자원】상형. 萬 . 벌의 모양을 본뜬 글자. ※혹은 전갈의
모양을 본뜬 글자라 한다. 전갈은 알을 많이 낳는다고
해서 많다는 뜻으로 10,000을 뜻하게 되었다.

◎ 萬事(만사) : 모든 일.
◎ 萬化芳暢(만화방창) : 봄날이 따뜻하여 만물이 생장하다.

획순 ⺿ 芇 芇 苜 营 萬 萬 萬

虎部

범, 범호머리 호

상형. 〿. 虎(범 호)자를 줄인 것. 虎는 호랑이의 몸을 본떠 만든 글자이니,
이 글자는 호랑이의 머리부분과 앞다리를 나타낸 것이다.
이 부수가 쓰인 글자는 '호랑이'와 관련이 있는 것이 많다.

虎
범 호

▷ 범, 호랑이.

【자원】 상형. 〿. 몸이 길고 입이 큰 범의 상체와 하체를
모두 본떠 만든 글자.

◎ 虎視耽耽(호시탐탐) : 범이 날카로운 눈으로 먹이를 노린
다는 뜻으로, 강자가 틈만 있으면 덮치려고 기회를 노리며
형세를 살피는 것을 비유하는 말.
◎ 猛虎(맹호) : 사나운 범.

획순　丨　丆　广　广　戸　虍　虍　虎

處
곳 처

▷ 곳, 살다, 처하다.

【자원】 형성. 虍(범 호-뜻부분)와 処(곳 처-음부분)로
구성되어 호랑이가 머물러 사는 곳을 나타낸 글자.

◎ 處女地(처녀지) : 아직 개척하지 않은 땅.
◎ 處世(처세) : 세상을 살아 가다.
◎ 處所(처소) : 사람이 살거나, 임시로 머물러 있는 곳.
◎ 各處(각처) : 여러 곳.

시조감상

青山(청산)도 절로절로 綠水(녹수)도 절로절로
산 절로 수 절로 산수간에 나도 절로
그 중에 절로 자란 몸이 늙기도 절로 하리라
- 송시열 -

宋時烈 : 1607~1689. 자는 영보(英甫). 호는 우암(尤庵).

虫部 벌레 충

 . 뱀이 서리고 있는 모양을 본뜬 글자. ※ '蟲'의 약자로 부수에 흔히 쓰이는데, 원래는 살모사를 나타내는 훼(虺)의 본래자이다.

蜂 벌 봉

▷ 벌.

【자원】 虫(벌레 충)과 夆(만날 봉)으로 구성된 글자.

- ◎ 蜂起(봉기) : 벌떼 같이 일어나다. 여러 곳에서 병란(兵亂)이 일어나는 것을 비유.
- ◎ 蜂準長目(봉절장목) : 높은 콧등과 긴 눈. 곧 영민하고 생각이 깊은 상(相).

蜜 꿀 밀

▷ 꿀.

【자원】 형성. 宓(빽빽할 밀 – 음부분)과 虫(벌레 충 – 뜻부분)으로 구성된 글자.

- ◎ 蜜蜂(밀봉) : 꿀벌.
- ◎ 蜜月(밀월) : 결혼 후 30일 간을 일컫는 말. 허니문(Honeymoon).

획순 宀 宀 宀 宓 宓 宓 蜜 蜜

青山(청산)아 말 물어보자 古今(고금)일을 네 알리라
萬古英雄(만고영웅)이 몇몇이나 지내었노
이후에 묻는 이 있거든 나도 함께 일러라
― 김상옥 ―

金相玉 : 1683～1739. 자는 언장(彦章). 호는 소와(疎窩).

血部

피, 혈통 혈

상형.
皿(그릇 명)과 丿(피빛을 나타냄)으로 구성되어,
신에게 바치기 위해 그릇에 담은 피를 나타낸 글자.

血
피 혈

▷ 피, 혈통.

【자원】 상형. 皿(그릇 명)과 丿(피빛을 나타냄)으로 구성
되어, 신에게 바치기 위해 그릇에 담은 피를 나타낸 글
자로 널리 '피'의 뜻으로 쓰인다. ※皿(그릇 명)과 유
의할 것.

◎ 血管(혈관) : 염통에서 나와서 몸 속에 퍼진, 피가 다니는
   맥관(脈管). 핏줄.
◎ 血氣之勇(혈기지용) : 혈기로 일어나는 한 때의 용기.
◎ 血色素(혈색소) : 적혈구(赤血球)가 가지고 있는 붉은 색
   소를 말한다.
◎ 血眼(혈안) : 기를 써서 핏발이 선 눈.
◎ 血統(혈통) : 친족(親族)의 서로 관계가 있는 피의 계통.

衆
무리 중

▷ 무리, 많다.

【자원】 회의. 𥅫. 血(目〈눈목〉의 변형)과 乑(무리 중 : 세
개의 人)으로 구성되어 많은 사람의 눈을 뜻한 글자이
다. ※또는 핏줄이 같은 사람들이 이룬 '무리'를 뜻하여
된 글자로 보기도 한다.

◎ 衆寡不敵(중과부적) : 많은 인원을 적은 인원으로는 대적
   하지 못한다는 뜻.
◎ 衆口難防(중구난방) : 여러 사람이 떠드는 말은 그 입을
   막기가 대단히 어렵다.
◎ 衆心成城(중심성성) : 뭇 사람의 마음이 일치하면 성벽
   (城壁) 같이 굳다는 뜻.
◎ 群衆(군중) : 한 곳에 떼지어 모여 있는 사람의 무리.
◎ 聽衆(청중) : 강연이나 설교 따위를 듣는 사람들.

획순 ′ 宀 血 血 衆 衆 衆 衆 衆

行部
다닐 행

회의.
‘彳’은 왼발이 걷는 모양을, ‘亍’은 오른발이 걷는 모양을 나타낸다.

行 다닐 행

▷ 다니다, 길가다, 행하다. 〔항〕- 항렬, 항오.
【자원】회의. ‘彳(조금씩걸을 척)’은 왼발이 걷는 모양을, ‘亍(자축거릴 촉)’은 오른발이 걷는 모양을 나타내는 데, 왼발과 오른발이 번갈아 움직이는 것을 나타내어 ‘다니다’의 뜻이 된 글자.

◎ 行方不明(행방불명) : 간 방향이 확실하지 못하다.
◎ 行商(행상) : 돌아다니며 물건을 파는 일이나 또는 사람.
◎ 行列(항렬) : 같은 혈족간의 대수관계를 나타내는 말.

획순 ＇ ＞ 彳 彳 行 行

衍 퍼질 연

▷ 퍼지다, 넓히다.
【자원】行(다닐 행)과 氵(물 수)로 구성되어 물〔氵〕이 퍼져 나간다〔行〕는 뜻.

◎ 衍文(연문) : 글 가운데에 끼인 불필요한 글자나 글귀.
◎ 衍繹(연역) : 의미를 널리 해석하여 밝히다.
◎ 衍義(연의) : 의미를 널리 해석하다.

衡 저울 형

▷ 저울, 저울대.
【자원】行(다닐 행)과 角(뿔 각)과 大(큰 대)로 구성된 글자. 뿔〔角〕의 크기〔大〕를 저울질한다〔行〕는 뜻을 나타낸 글자.

◎ 衡度(형도) : 저울과 자.
◎ 衡平(형평) : 균형. 평균.
◎ 度量衡(도량형) : 길이, 분량, 무게 또는 이것을 재는 자, 되, 저울 따위.

衣部

옷, 입을, 웃옷 의

상형.

衣. 소매와 옷깃을 여민 모양을 본뜬 글자. ※변으로 쓰일 때는 모양이 '衤'로 바뀐다. 예전에는 웃옷을 衣(의)라 하고, 아래 옷을 裳(치마 상)이라 했다.

表
겉 표

▷ 겉, 거죽, 나타내다.

【자원】 회의. 㦮. 毛(毛 : 털 모)와 衣(衣 : 옷 의)로 구성된 글자. 짐승 털이 옷 구실을 한다는 것을 나타내는데, 털이 바깥으로 나 있으므로 '겉'의 뜻으로 쓰인다.

◎ 表面(표면) : 바깥면. 겉모양.
◎ 表兄弟(표형제) : 어머니의 형제자매의 아들. 중표형제(中表兄弟 : 내외종형제).
◎ 師表(사표) : 학식과 인격이 높아 남의 모범이 될 만한 사람.

획순 一 十 キ 丰 圭 圭 耒 耒 表

被
입을 피

▷ 입다, 이불, ~당하다.

【자원】 형성. 衤(옷 의 – 뜻부분)와 皮(가죽 피 – 음부분)로 구성되어 가죽으로 된 옷을 입는다는 뜻. ※혹은 피부를 가리려고 입는 '잠옷'을 뜻하다가 '입다'의 뜻으로 쓰이게 되었다고 한다. 또한 피동의 뜻을 만드는 글자로 쓰여 '~당하다, ~~되다'로 풀이한다.

◎ 被擊(피격) : 습격당하다. 공격당하다.
◎ 被服(피복) : 의복.

裁
마름질할 재

▷ 마름질하다, 끊다, 결단하다.

【자원】 𢦏(해할 재)와 衣(옷 의)로 구성되어 옷을 끊어 재단한다는 뜻. ※자른다는 데서 '결단하다'의 뜻으로도 쓰인다.

◎ 裁量(재량) : 짐작하여 헤아리다.
◎ 裁判(재판) : 시비와 곡직(曲直)을 판단하다.

襾部
덮을 아

상형. 襾. 솥 위에 뚜껑을 덮은 모양을 본뜬 글자. 혹은 그릇에 뚜껑을 덮은 것, 또는 보자기로 덮은 것을 본뜬 글자라고도 한다. 부수로 쓰일 때 '덮는다'의 뜻을 가지고 있는 경우는 많지 않다. 독립된 글자로 쓰이지 않는다.

西 서녘 서

▷ 서녘, 서양.

【자원】 상형. 圙. 새가 둥지 위에 앉아 있는 모양을 본뜬 글자로 새는 해가 지면 둥지를 찾아든다는 뜻에서 '서쪽'을 뜻하게 된 글자.

◎ 西方淨土(서방정토) : 서쪽의 십억만토(十億萬土)의 저쪽에 있다는 극락세계.
◎ 西風(서풍) : 서쪽에서 부는 바람.

획순 一 厂 冂 襾 襾 西

覃 깊을 담

▷ 깊다, 깊고 넓다, 퍼지다.

【자원】 襾(덮을 아)와 早(이를 조)로 구성되어, 이른 아침〔早〕을 덮고 있는〔襾〕 깊은 어둠의 새벽을 뜻한 글자.

◎ 覃思(담사) : 깊이 생각하다.
◎ 覃恩(담은) : 은혜를 널리 베풀다.

시조감상

靑天(청천)에 떴는 구름 萬疊峯巒(만첩봉만) 되었구나
수루룩 솟아 올라 저 구름에 앉고라자
세상이 物慾(물욕)에 분주함을 허허 웃고 다니리라
－김우규－

金友奎 : 1691∼?. 자는 성백(聖伯). 호는 백도(伯道).

見部

볼 견
나타날 현

회의.
사람이 눈으로 본다는 뜻.

見
볼 견

▷ 보다, 당하다. 〔현〕-나타나다, 뵈다.
【자원】회의. 皃. 目(눈 목)과 儿(人〈사람 인〉의 변형)으로 구성되어 사람이 눈으로 본다는 뜻.

◎ 見聞(견문) : 보고 듣다.

※ 눈에 사물이 보인다는 뜻에서 '나타나다'의 뜻으로 파생되었다.

◎ 見物生心(견물생심) : 무슨 물건이던지 눈에 뜨이면 가지고 싶은 욕심이 생긴다는 말.
◎ 意見(의견) : 마음 속에 느낀 생각.

視
볼 시

▷ 보다, 보이다, 살피다.
【자원】示(보일 시)와 見(볼 견)으로 구성된 글자. 남에게 보이고 또한 자기가 본다는 뜻. ※혹은 '示'는 제사상을 가리키는데, 제사상〔示〕을 살펴본다〔見〕는 데서 '보다' '살피다'의 뜻으로 되었다고 한다.

◎ 視力(시력) : 물체의 형태, 빛깔 등을 분간하는 눈의 능력.
◎ 視民如子(시민여자) : 백성 보기를 자식 같이 한다. 군주가 백성을 사랑하는 것을 뜻한다.
◎ 凝視(응시) : 한 곳을 눈여겨 보다.

획순 二 亍 亍 亓 視 祠 祖 視 視

覺
깨달을 각

▷ 깨닫다, 느끼다, 드러나다.
【자원】형성. 𦥯(學〈배울 학〉의 생략-음부분)과 見(볼 견-뜻부분)으로 구성되어, 사물을 보고 배워서 이치를 '깨닫는다'는 데서 '깨닫다'의 뜻으로 쓰이는 글자.

◎ 覺書(각서) : 약속을 잊지 않기 위해 기록한 문서.
◎ 覺知(각지) : 깨달아 알다.

<table>
<tr><td>

觀
볼 관

</td><td>

▷ 보다, 생각하다.

【자원】 형성. 雚(황새 관 – 음과 뜻부분)과 見(볼 견 – 뜻부분)으로 구성된 글자. 황새〔雚〕가 먹이를 찾기 위해 자세히 '본다〔見〕'는 뜻. 사물을 마음 속에서 살핀다는 데서 '생각' 또는 '관념'이란 뜻으로도 쓰인다.

</td></tr>
</table>

◎ 觀念(관념) : 생각. 눈을 감고 깊이 생각하는 일.
◎ 觀望(관망) : 되어가는 형편을 제삼자의 처지에서 살펴보다.
◎ 觀往知來(관왕지래) : 과거를 회고하고 장래를 미루어 살핀다.

획순   ⁺⁺   ⁺⁺   芦   荦   雚   雚⌐   雚⁭   觀

시조감상

世上(세상)이 버리거늘 나도 세상을 버린 後(후)에
江湖(강호)에 임자 되어 일 없이 누웠으니
어즈버 富貴功名(부귀공명)이 꿈이런듯 하여라
－윤이후－

尹爾厚 : 1636~1699. 자는 재경(載卿). 호는 지암(支庵).

世事(세사)를 다 떨치고 江湖(강호)로 들어가니
수광산색(水光山色)이 옛 낯을 다시 본듯
어즈버 平生夢想(평생몽상)이 오라하여 그렇닷다
－김천택－

金天澤 : 1687~1758. 자는 이숙(履叔). 호는 남파(南坡).

角部

뿔 각

상형.
짐승의 뿔을 본뜬 글자.

角
뿔 각

▷ 뿔, 각도, 모나다, 모퉁이, 다투다, 맞대다.
【자원】 상형. 짐승의 뿔의 모양을 본뜬 글자. ※뿔이
뾰족하다 하여 '모나다', '모퉁이' 등의 뜻으로도 쓰인
다. 짐승이 다툴 때는 뿔로 다툰다 해서 '다투다'의 뜻
으로도 쓰인다.

◎ 角弓(각궁) : 쇠뿔이나 양뿔 같은 것으로 꾸민 활.
◎ 角材(각재) : 네모지게 켜낸 재목.
◎ 角逐(각축) : 서로 이기려고 다투다.

획순   ′ ″ ⺈ ⺈ 角 角 角

解
풀 해

▷ 풀다, 흩어지다, 가르다, 벗기다, 깨닫다.
【자원】 회의. 角(뿔 각)과 刀(칼 도)와 牛(소 우)로 구성되
어, 칼[刀]로 소[牛]의 두 뿔[角] 사이를 자른다는 데
서 '자르다' '풀다'의 뜻이 된 글자.

◎ 解夢(해몽) : 꿈의 길하고 흉한 것을 판단하다.
◎ 解放(해방) : 속박에서 풀려 자유롭게 되다.
◎ 解語花(해어화) : 말하는 꽃으로 곧 미인을 일컫는다.

觸
닿을 촉

▷ 닿다, 부딪치다, 찌르다, 범하다, 느끼다, 지나다.
【자원】 角(뿔 각)과 蜀(해바라기벌레 촉)으로 구성되어 벌
레의 뿔 같은 감각기관을 뜻한 글자.

◎ 觸覺(촉각) : 피부의 겉이 다른 물건과 닿을 때 느끼는
감각.
◎ 觸鬚(촉수) : 하등동물(下等動物)의 촉각을 맡은 수염과
같은 것. 귀뚜라미나 새우 등의 수염 따위를 말한다.
◎ 觸處逢敗(촉처봉패) : 가는 곳마다 실패만 하다.

言部　말씀 언

형성. 흠·후(辛〈매울 신〉의 변형－음과 뜻부분)과 口(입 구－뜻부분)로 구성된 글자. 곧게〔辛〕 말한다〔口〕에서 '말하다'의 뜻이 된 글자.
※또는 회의문자로서 입 밖으로 혀가 길게 나온 것을 나타낸 것이라고도 한다.

計　셈할 계

▷ 셈하다, 꾀하다.

【자원】 회의. 言(말씀 언)과 十(열 십)으로 구성되어 수〔十〕를 헤아린다〔言〕는 뜻으로 쓰이는 글자. ※또는 열〔十〕을 단위로 소리쳐〔言〕 가며 셈한다 하여 '세다'의 뜻이 되었다고 한다. 셈을 하여 계획한다는 데서 '꾀하다'의 뜻으로도 쓰인다.

◎ 計窮力盡(계궁력진) : 꾀를 다하고 힘을 다하다. 곧 지혜와 힘을 다하다.
◎ 計量(계량) : 분량을 계산하다.
◎ 計劃(계획) : 꾀하여 미리 작정하다.
◎ 合計(합계) : 한 데 몰아 셈하다.

획순　一　二　亖　亖　言　言　言　計

討　칠 토

▷ 치다, 꾸짖다, 궁구하다.

【자원】 言(말씀 언)과 寸(법도 촌)으로 구성되어, 법도〔寸〕에 따라 말한다〔言〕는 뜻.

◎ 討論(토론) : 여러 사람이 모여 각자의 의견을 내세워 그것이 마땅함을 논한다.
◎ 討議(토의) : 토론하여 의논하다.

※ 또는 '寸'을 '손으로 붙잡는다'는 뜻으로 보고 죄인을 잡아서〔寸〕 말〔言〕로 '다스린다'는 뜻의 글자로 풀이하기도 한다. 여기서 적을 '친다'는 뜻으로 파생되었다.

◎ 討伐(토벌) : 정벌하다. 치다.
◎ 討罪(토죄) : 범한 죄를 하나하나 드러내어 다부지게 나무라다.

訓
가르칠 훈

▷ 가르치다, 뜻, 훈계하다.
【자원】형성. 言(말씀 언 - 뜻부분)과 川(내 천 - 음과 뜻부분)으로 구성된 글자. 냇물〔川〕이 흐르듯 순리에 맞는 말〔言〕을 한다는 데서 '가르치다'의 뜻이 된 글자.

◎ 訓戒(훈계) : 타일러 경계하다.
◎ 訓讀(훈독) : 한문 글자의 뜻을 새겨 읽다.
◎ 訓育(훈육) : 가르쳐 기르다. 교육하다.

획순 ﹃ ﹃ ﹃ 言 言 訓 訓 訓

詐
속일 사

▷ 속이다, 거짓.
【자원】言(말씀 언)과 乍(잠깐 사)로 구성되어 잠깐사이에 말을 바꾼다는 데서 '잠깐'의 뜻으로 쓰이게 된 글자.

◎ 詐欺(사기) : 꾀로 남을 속이다.
◎ 詐術(사술) : 남을 속이는 꾀.
◎ 詐稱(사칭) : 성명, 직업 등을 속여 일컫다.

訴
하소연할 소

▷ 하소연하다, 송사하다, 아뢰다.
【자원】형성. 言(말씀 언 - 뜻부분)과 斥(물리칠 척 - 음과 뜻부분)으로 구성되어, 잘못된 것을 내치기 위해 사정을 법에 호소한다는 데서 '하소연하다' '송사하다'의 뜻이 되었다.

◎ 訴狀(소장) : 소송(訴訟)을 제기하는 서류.
◎ 訴請(소청) : 하소연하여 관청에 청하다.
◎ 告訴(고소) : 호소하여 옳고 그름의 판결을 구하다.

誦
외울 송

▷ 외우다, 읽다.
【자원】言(말씀 언)과 甬(물솟을 용)으로 구성되어 물이 솟아 오르듯이 줄줄 글을 외운다는 데서 '외우다'의 뜻으로 쓰이는 글자.

◎ 誦讀(송독) : 외워 읽다. 소리내어 글을 읽다.
◎ 暗誦(암송) : 속으로 외우다.

谷部
골 곡

谷
골 곡

▷ 골짜기.

【자원】 상형. 샘물이 솟아 나오는 모양을 본뜬 글자. ※혹은 八은 水(물 수)의 변형으로 보고 물이 흘러내려 두 산 사이의 어귀〔口〕로 나오는 곳인 '골짜기'를 나타낸 글자라고도 한다(회의문자). 부수로 쓰여 골짜기와 관련이 있는 뜻을 나타낸 경우가 많다.

◎ 谷水(곡수) : 골짜기에 흐르는 물.
◎ 谷泉(곡천) : 골짜기에서 흐르는 샘.
◎ 進退維谷(진퇴유곡) : 나아갈 수도 없고 물러갈 수도 없다. 곧 어찌할 수 없는 궁지에 빠져 할 바를 모르다.

획순　′ 冫 亽 兮 今 谷 谷

豆部
콩 두

豆
콩 두

▷ 콩, 제기(祭器).

【자원】 상형. 제사그릇을 본뜬 글자. 荳(콩 두)와 음(音)이 같아 함께 쓰인다. ※또는 그릇의 모양이 콩꼬투리와 비슷하게 보이므로 '콩'이라는 뜻으로 빌려 쓰게 되었다고도 한다.

◎ 豆腐(두부) : 콩으로 만든 음식의 하나.
◎ 豆芽菜(두아채) : 콩나물.
◎ 俎豆(조두) : 제사 때 쓰는 그릇의 이름.

획순　一 厂 币 曱 豆 豆 豆

豕部
돼지 시

상형.
豕. 돼지가 꼬리를 들고 있는 모양을 본떠 '돼지'란 뜻을 나타낸다.
부수로 쓰여 '돼지'나 혹은 그와 관련된 뜻을 나타낸다

象
코끼리 상

▷ 코끼리, 형상.
【자원】상형. 象. 코끼리의 모양을 본뜬 글자.

- ◎ 象牙(상아) : 코끼리 어금니.
- ◎ 象形文字(상형문자) : 물건의 형상을 본떠 만든 글자. 한자(漢字)의 일부와 이집트의 문자.

※ 그림으로 코끼리를 보았던 데서 '형상하다'의 뜻으로 파생되었다.

- ◎ 現象(현상) : 눈앞에 보이는 사물의 형상.

획순　ㄥ 乃 勹 勹 钅 钅 ��象 象

豸部
해태 태
발없는벌레 치

豸. 맹수가 먹이를 노리고 몸을 웅크린 채 덤벼 들려는 모양을 본뜬 글자.
때문에 몸을 웅크리는 맹수를 가리키며, 해태를 가리키는 글자로 쓰이기도 한다.
후에 발없는 벌레를 가리키게 되었다. 독립된 글자로는 잘 쓰이지 않는다.

貌
모양 모

▷ 모양, 얼굴.
【자원】豸(해태 태)와 皃(모양 모 : 白部 2획)로 구성된 글자. 皃는 貌의 본래자이다.

- ◎ 貌敬(모경) : 겉으로만 공경하는 곳.
- ◎ 貌樣(모양) : 됨됨이. 생김새. 형상.
- ◎ 容貌(용모) : 얼굴 모양.

획순　ノ ㇇ ㇇ ㇗ 豸 豸 豹 貌

貝部

조개, 재물 패

상형.
🦪. 조개를 본뜬 글자. 고대에는 조개껍질을 화폐로 사용했기 때문에
재물에 관한 글자에 이 글자가 많이 쓰인다.

財 재물 재

▷ 재물.

【자원】 형성. 貝(조개, 재물 패 — 뜻부분)와 才(바탕 재 — 뜻
과 음부분)로 구성되어 재물의 바탕이 되는 '돈' '재
물'의 뜻으로 쓰이게 된 글자.

◎ 財物(재물) : 돈이나 그밖의 재산으로 되는 물건.
◎ 財政學(재정학) : 국가 및 공공단체의 재정에 관하여 연
구하는 학문.

貨 재물 화

▷ 재화, 재물, 화폐.

【자원】 형성. 化(화할 화 — 음과 뜻부분)와 貝(조개, 돈
패 — 뜻부분)로 구성되어, 돈〔貝〕으로 바꿀〔化〕 수 있는
물품이란 데서 '재화'의 뜻이 된 글자. 재화를 운반한
다 하여 '화물'의 뜻으로 파생되었다.

◎ 貨物(화물) : 화차 따위로 옮기는 짐. 물품.
◎ 貨主(화주) : 화물의 임자.

賞 상줄 상

▷ 상, 상주다, 칭찬하다, 감상하다.

【자원】 형성. 尙(높일 상 — 음과 뜻부분)과 貝(조개 패 — 뜻
부분)로 구성되어 공이 있는 사람에게 공을 높이 기려
〔尙〕 상품〔貝〕을 내려준다는 뜻으로 쓰이는 글자.

◎ 賞罰(상벌) : 상과 벌.
◎ 賞一勸百(상일권백) : 한 사람의 착한 일을 상주어서 뭇
사람에게 착한 일을 장려하다.
◎ 賞春客(상춘객) : 봄 경치를 구경하여 즐기는 사람.

획순 ｜ ⺌ ⺍ 当 尚 尚 賞 賞 賞

赤部

붉을 적

회의.
크게 불타는 데서 붉음을 뜻한 글자.

赤
붉을 적

▷ 붉다.
【자원】 회의. 炎. 土(大〈큰 대〉의 변형)와 火(불 화)로 구성되어, 큰 불이 타오르는 빛깔이 붉은 데서 '붉다'는 뜻이 된 글자. ※혹은 大를 사람으로 보고, 불을 쬐고 있는 사람이 붉게 보인다는 데서 '붉다'의 뜻으로 쓰인다고 한다. 벌거벗으면 붉은 몸이 드러나므로 아무것도 없이 '빈몸', 혹은 '빈손'일 때를 나타내기도 한다.

◎ 赤裸裸(적나라) : 벌거벗은 모습. 숨김없는 본래 모습 그대로를 말한다.
◎ 赤色(적색) : 붉은빛.
◎ 赤手空拳(적수공권) : 맨손. 빈손. 아무 것도 가진 것이 없다는 뜻.

획순　一 十 土 赤 赤 赤 赤

시조감상

春山(춘산)에 비 간 후에 포기마다 꽃이로다
一壺酒(일호주) 가지고 냇가에 앉았으니
물 위에 桃花泛泛(도화범범)하니 무릉인가 하노라
　　　　－남도진－

南道振 : 1674～1735. 자는 중옥(仲玉). 호는 농환재(弄丸齋).

走部

달아날 주

회의.
사람이 달려간다는 뜻.

走
달릴 주

▷ 달리다, 달아나다.
【자원】 회의. 夭·夫〔사람〕과 止〔그칠 지〕로 구성되어
사람이 달려간다는 데서 '달리다'의 뜻으로 쓰인다.
※ '夭'는 사람이 두 팔을 크게 흔들며 달리는 모양을,
'止'는 사람의 발을 뜻한다. 부수로 쓰여서 '달리다'
'걷다' 등과 관련이 있는 뜻의 글자를 만든다.

◎ 走馬看山(주마간산) : 사물의 겉만 수박 겉핥기로 보는
   것의 비유.
◎ 走馬燈(주마등) : 돌리는 대로 그림의 장면이 다르게 보이
   는 돌림등. 곧 사물이 빨리 변하는 것을 비유.
◎ 走筆(주필) : 글씨를 흘려서 빨리 쓰다.

획순   一 十 土 キ キ 走 走

起
일어날 기

▷ 일어나다, 일으키다, 시작하다.
【자원】 형성. 走(달릴 주-뜻부분)와 己(몸 기-음과 뜻부
분)로 구성되어 몸을 일으켜 달린다는 뜻. ※또는 '己'
는 일어날 때 몸의 굽은 자세를 나타낸다고 보고, 달리
려면 반드시 굽은 몸〔己〕을 '일으켜야' 한다는 데서
'일어나다'의 뜻이 되었다고 한다.

◎ 起居動作(기거동작) : 사람의 일상생활의 행동.
◎ 起立(기립) : 일어서다.
◎ 起床(기상) : 잠이 깨어 잠자리에서 일어나다.

※ '시작하다'의 뜻으로 파생되었다.

◎ 起工(기공) : 공사를 시작하다.
◎ 起死回生(기사회생) : 곧 죽게 생긴 자를 소생시키다.

足部

발 족

足
발 족

▷ 발, 넉넉하다.
【자원】 상형. ⿺. 무릎과 그 아래의 부분을 본뜬 글자. ※변
으로 쓰일 때에는 '⻊'모양으로 바뀐다. 길게 발을 내
딛는 모양에서 '넉넉하다'의 뜻으로 파생되었다. 부수
로 쓰여 '발'과 관련있는 뜻의 글자를 만든다.

◎ 足反居上(족반거상) : 사물이 거꾸로 된 것을 가리킨다.
◎ 足下(족하) : 발 밑. 나이가 비슷한 사람에 대한 높임말.

路
길 로

▷ 길.
【자원】 회의. ⻊(발 족)과 各(각각 각)으로 구성되어 각각
다니는 길을 뜻한 글자.

◎ 路人所知(노인소지) : 길 가는(세상) 사람이 다 알다.
◎ 路資(노자) : 길 갈 때 쓰는 돈. 여비.

획순　⿰ ⿰ ⿰ ⿰ ⿰ ⿰ 路 路

身部

몸 신

상형.
여자가 아이를 배 몸이 불룩한 모습을 본뜬 글자.

身
몸 신

▷ 몸, 자기, 아이배다.
【자원】 상형. ⿰. 뜻이 '몸' '자기' '용모'로 파생되었다.
부수로 쓰여 '신체'와 관련있는 글자를 만든다.

◎ 身若不勝衣(신약불승의) : 몸이 옷의 무게를 이기지 못하
는 것 같다. 곧 대단히 몸이 허약한 것을 형용한다.
◎ 身體(신체) : 사람의 몸.

획순　′ ⿰ ⿵ ⿵ 身 身 身

車部　수레 거(차)

상형.
수레를 본뜬 글자.
※부수로 쓰여 수레나 혹은 수레와 관련있는 글자를 만든다.

車
수레 거

▷ 수레. 〔차〕-수레, 성씨.
【자원】 상형. 車. 수레를 나타낼 때는 음이 '거'와 '차' 둘이지만 한문 문장에서는 흔히 '거'로 읽고, 사람의 성씨를 나타낼 때는 '차'로 읽는다.

◎ 車馬(거마) : 수레와 말.
◎ 車載斗量(거재두량) : 물건이 대단히 많은 것을 뜻한다.

획순　一　厂　冂　冃　冃　亘　車

載
실을 재

▷ 싣다, 해, 년.
【자원】 형성. 車(수레 거-뜻부분)와 𢦏(해할 재-음부분)로 구성되어 수레에 실음을 뜻한 글자.

◎ 載積(재적) : 실어 쌓다.
◎ 揭載(게재) : 신문이나 잡지 따위에 글이나 그림을 싣다.

辛部　매울 신

辛
매울 신

▷ 맵다, 쓰다.
【자원】 상형. 辛. 𦍡(죄 건)과 一(바늘을 뜻한 부호)로 구성되어 고대에 죄지은 자에게 이마에 문신을 새겼던 유래에서 비롯된 글자. ※혹은 노예나 죄인의 얼굴에 표시를 새기기 위해 사용했던 큰 침의 모양을 본뜬 글자라고 하는데, 후에 죄수를 나타내는 부호로 사용했다 한다.

◎ 辛苦(신고) : 매운 것과 쓴 것. 고생스럽게 애를 쓰다.
◎ 辛辣(신랄) : 맛이 몹시 맵다. 몹시 가혹하고 날카롭다.

획순　丶　亠　六　立　产　产　辛

辰部
별 진(신)

상형.
봄에 조개가 입을 벌린 채 속살을 드러내 놓고 있는 모습을 본뜬 글자.

辰
별 진

▷ 별. 〔신〕 - 별, 때, 조개.
【자원】 상형. 㡆. 봄에 조개가 입을 벌린 채 속살을 드러내 놓고 있는 모습을 본뜬 글자이다. 그런데 그 조개가 활동하는 봄철에 농사철을 알리는 전갈자리(별자리 이름)가 보인다 해서 '별'을 뜻하는 글자로 쓰이게 되었다.

◎ 辰緯(진위) : 별. 성신(星辰).

※ 후에 다섯번째 지지(방위로는 동동남, 동물로는 용, 달로는 3월)의 이름으로 사용되었다. 부수로 쓰인 경우는 흔히 농사와 관련된 것이 많다.

◎ 辰時(진시) : 오전 7시~9시 사이.
◎ 辰日(진일) : 길일(吉日).
◎ 生辰(생신) : '생일'의 높임말.

획순　一　厂　厂　戶　戶　戶　辰

農
농사 농

▷ 농사, 농사짓다.
【자원】 회의. 曲(굽힐 곡)과 辰(별 진)으로 구성되어 농사철〔辰〕에 허리굽혀〔曲〕 일한다는 뜻에서 '농사짓다'의 뜻으로 쓰인 글자.

◎ 農産物(농산물) : 농사지어 생산한 곡식 따위.
◎ 農業時代(농업시대) : 인류 진화의 한 단계이다. 목축(牧畜)의 시대가 진보하여 주로 농사를 위주로 한 시대.
◎ 農政(농정) : 농사에 관한 일. 농업에 관한 행정.
◎ 農閑期(농한기) : 농사에 한가한 시기. 겨울철 등.

辵部

쉬엄쉬엄걸어갈 착

회의.
彳(걸을 척)과 止(발 지)로 구성되어, '길을 걸어간다'는 뜻을 나타내는 글자.
※부수로 쓰일 때는 모양이 '辶'으로 바뀐다.
이를 보통 '책받침'이라고 부르는데, '착'을 발음하기 쉬운 '책'으로 바꿔 읽고
주로 글자의 받침으로 쓰기 때문에 생겨난 것으로 보인다.
즉 '착받침'이라고 해야 할 것이 와전된 것이 아닌가 한다.
辵은 독립 글자로 쓰이지는 않는다.
부수로 쓰일 때는 주로 '길 가는 것'과 관련이 있는 뜻을 만든다.

道
길 도

▷ 길, 도리, 이치.

【자원】 회의. 首(머리 수)와 辶(쉬엄쉬엄갈 착)으로 구성
되어 마차가 앞머리(首)만 보고 따라간다는 뜻의 글자.
또는 성인이 앞서(首) 행한 도리를 따라간다(辶)는 데
서 '도리'의 뜻을 나타낸 글자라고 한다.

◎ 道德(도덕) : 사람이 마땅히 지켜야 할 도리나 그에 준한
행동.
◎ 道場(도장, 도량) : 도장. 태권도나 검도를 가르치고 연습
하는 곳. 불교에서는 '도량'이라 읽고 불도를 닦는 사찰
등을 말한다.
◎ 道聽塗說(도청도설) : 길에서 들은 일은 길에서 이야기한
다는 말로, 좋은 말을 듣고도 마음에 새기지 않는다는 뜻.

획순　　丷　⺍　⺌　丷首　首　首　首　道

시조감상

泰山(태산)이 높다 하되 하늘 아래 뫼이로다
오르고 또 오르면 못 오를 리 없건마는
사람이 제 아니 오르고 뫼를 높다 하더라

- 양사언 -

楊士彦 : 1517~1584. 자는 응빙(應聘). 호는 봉래(蓬萊).

邑(阝)部
고을(우부방) 읍

회의.
사람들이 무릎을 세우고 의논하며 모여 사는 곳을 뜻한 글자.

邑
고을 읍

▷ 고을, 큰 마을, 우부방.
【자원】 회의. □(에울 위)와 巴(무릎마디 절)로 구성되어 사람들이 무릎을 세우고 의논하며 모여 사는 곳을 뜻한 글자. ※또는 '巴'을 사람이 꿇어앉은 모양으로 보고, 성벽에 둘러싸인 땅[□]에 지배를 받는 사람[巴]이 모여 사는 '고을'을 뜻하여 된 글자라고 한다. 이 글자가 부수로 쓰인 경우에는 대부분 '지역'이나 '지명'과 관련이 있다.

◎ 邑內(읍내) : 고을 안.
◎ 邑邑(읍읍) : 근심하는 모양. 우울한 모양.
◎ 邑人(읍인) : 그 고을에 사는 사람.
◎ 邑長(읍장) : 읍의 우두머리.

획순 ' 冂 口 甲 昂 吊 吊 邑

郡
고을 군

▷ 고을.
【자원】 형성. 君(임금 군-음부분)과 邑(고을 읍-뜻부분)으로 구성되어 옛날 임금이 다스리는 고을을 뜻한 글자. ※군(君)은 고대 중국의 촌락 통치자로 그가 지배하는 지역을 '군(郡)'이라 했다 한다.

◎ 郡長(군장) : 군의 우두머리.
◎ 郡廳(군청) : 한 군을 다스리는 관청.
◎ 郡縣制度(군현제도) : 제후를 폐하고 영토를 군(郡)과 현(縣)으로 나누어 중앙정부에서 관리를 임명, 파견하여 정치상의 일체의 권력을 중앙정부에 집중시키는 제도.

획순 ㄱ ㄱ ㅋ 尹 君 君 郡 郡

酉部
닭 유

상형.
술병의 모양을 본뜬 글자.

酉
닭 유

▷ 열번째 지지, 닭, 술.

【자원】 상형. 酉. 술병의 모양을 본뜬 글자. 십이지지 중 열 번째. ※酒(술 주)의 본래자. 후에 열번째 지지를 나타내는 글자로 쓰이게 되었다(동물로는 닭, 방위로는 서쪽, 시간으로는 오후 5~7시). 부수로 쓰인 글자는 대부분 발효된 식품이나 그와 관련있는 것을 나타내는 경우가 많다.

◎ 酉方(유방) : 서쪽.
◎ 酉時(유시) : 오후 5시부터 7시까지의 사이.

획순　一 厂 冂 兀 兀 兀 酉

酌
잔질할 작

▷ 잔질하다, 술따르다, 짐작하다.

【자원】 형성. 酉(술 유)와 勺(구기 작 – 음부분)으로 구성되어, 술을 구기로 떠서 잔에 붓는다는 뜻을 나타낸 글자.

◎ 酌定(작정) : 일을 짐작하여 결정하다.
◎ 酌酒(작주) : 술을 술잔에 붓는 일.
◎ 參酌(참작) : 이리저리 비추어 알맞게 헤아리다.

醉
취할 취

▷ 취하다, 술취하다.

【자원】 酉(술 유)와 卒(하인 졸)로 구성된 글자. 술을 마셔 하인배 같은 졸장부가 된다는 뜻을 나타낸 글자.

◎ 醉客(취객) : 술에 취한 사람.
◎ 醉氣(취기) : 술취하여 얼근한 기운.
◎ 醉生夢死(취생몽사) : 하는 일이 없이 흐리멍덩하게 일생을 보내다.

釆部

분별할 변

상형. 釆. 짐승의 발자국을 본뜬 글자로,
짐승의 발자국을 보면 짐승의 종류를 분별할 수 있다는 데서
'분별하다'의 뜻으로 쓰이게 된 글자. ※ 采(캘 채)와 다른 글자이다.

采
캘 채

▷ 캐다, 빛, 무늬.
【자원】 爫(=爪 : 손톱 조)와 木(나무 목)으로 구성되어,
나무(木)의 열매를 손(爫)으로 딴다는 뜻.

◎ 采色不定(채색부정) : 안색이 잘 변한다.
◎ 采地(채지) : 경대부(卿大夫)의 봉지(封地)나 봉읍(封邑).

획순 ˊ ˊ ˊ ˊ 爫 爫 采 采 采

里部

마을 리

회의.
밭(田)과 토지(土)가 있는 마을을 뜻한 글자.

里
마을 리

▷ 마을.
【자원】 회의. 田(밭 전)과 土(흙 토)로 구성되어, 밭(田)과
토지(土)가 있는 마을을 뜻한 글자. ※또는 농토(田)
사이의 땅(土)에 사람이 산다 하여 '사람이 사는 마을'
을 뜻하게 된 글자라고 한다.

◎ 里居(이거) : 벼슬을 그만두고 시골에서 살다.

野
들 야

▷ 들, 민간, 미개하다.
【자원】 회의. 里(마을 리)와 予(줄 여)로 구성되어, 양식을
주는 밭과 토지를 뜻한 글자. ※혹은 田(밭 전)과 土
(흙 토)와 予(줄 여)로 구성된 것으로 보고 사람에게
곡식을 키워주는(予) 논(土)과 밭(田)이 있는 '들'을
뜻하는 글자라고도 한다.

◎ 野無靑草(야무청초) : 기근, 전쟁으로 들에 풀이 없이 황량한 것.
◎ 在野(재야) : 관계(官界)에 나가지 않고 민간(民間)에 있음.

획순 丨 冂 日 甲 里 野 野 野

金部

쇠 금
성씨 김

金
쇠 금

▷ 쇠, 금, 돈. 〔김〕– 성씨.
【자원】 형성. 金. 今(이제 금 – 음부분)과 土(흙 토)와 丷(광석을 표시)로 구성된 글자. 흙 속〔土〕의 광석〔丷〕에서 '금'을 뜻하게 된 글자. ※우리 나라 최대 성씨의 하나로 '김'으로 발음. '금'에서 '김'으로 바뀐 것은 조선 시대 때부터라고 함. 지명에서 '김'으로 사용하기도 함. 부수로 쓰인 경우 그 글자는 금속과 관련이 있는 뜻을 갖는다.

◎ 金鑛(금광) : 금을 함유한 광석. 금광석을 캐내는 광산.
◎ 金革之世(금혁지세) : 전쟁이 그치지 않는 어지러운 세상.

획순　　／　人　公　仐　牟　余　余　金

釜
가마 부

▷ 가마, 솥.
【자원】 형성. 父(아비 부 – 음부분)와 金(쇠 금 – 뜻부분)으로 구성된 글자. 쇠로 만든 솥을 뜻한다.

◎ 釜煮(부자) : 솥에 삶다.
◎ 釜中生魚(부중생어) : 오래동안 밥을 짓지 못하여 솥 속에 물고기가 생기다. 곧 지극히 가난한 것을 형용한 말.

長部

길, 어른, 뛰어날 장

長
길 장

▷ 길다, 크다, 우두머리, 어른, 나이먹다.
【자원】 상형. 長. 털이 긴 노인이 지팡이를 짚은 모양을 본뜬 글자. 수염과 머리털이 길어서 '길다'의 뜻으로 쓰였고, 수염이 길면 어른이므로 '어른'의 뜻으로 파생되었다.

◎ 長男(장남) : 맏아들. 장자(長子).
◎ 長槍大劍(장창대검) : 긴 창과 큰 칼. 곧 정예한 무기.

획순　　丨　厂　尸　尸　厈　토　토　長

門部

문 문

상형.
두 문짝을 본뜬 글자.

門 문 문

▷ 문, 집안.
【자원】 상형. 門. 두 문짝을 본뜬 글자. ※부수로 쓰인 글자는 문과 관련이 있는 경우가 많다. 집안의 뜻으로 파생되었다.

◎ 門閥(문벌) : 지체. 가문.
◎ 門外漢(문외한) : 사물의 범위 외에 있어 직접 그 일에 상관하지 않는 사람. 이외의 사람.
◎ 門前盛市(문전성시) : 대문 앞이 시장과 같다. 곧 사람이 많이 찾아오는 것을 뜻한다.

획순 ｜ ｢ ｢ 門 門 門 門 門

閃 번쩍거릴 섬

▷ 번쩍거리다, 번쩍 빛나다.
【자원】 門(문 문)과 人(사람 인)으로 구성되어 문 안에 사람이 언뜻 보인다는 데서 '번쩍이다'의 뜻으로 쓰이게 된 글자.

◎ 閃光(섬광) : 번쩍이는 빛.
◎ 閃閃(섬섬) : 번쩍번쩍하는 모양.

間 사이 간

▷ 사이, 틈나다, 이간하다.
【자원】 회의. 門(문 문)과 日(날 일)로 구성된 글자. 햇빛〔日〕이 들어오는 문(門)틈을 가리켜 '사이'라는 뜻으로 쓰이게 된 글자. ※본래 글자는 閒(사이 간)으로서 門(문 문)과 月(달 월)로 구성되어 문틈으로 달빛이 샌다는 뜻을 나타낸 글자.

◎ 間不容息(간불용식) : 숨 한번 쉴 틈도 없다. 몹시 급박한 상태를 이른다.
◎ 間言(간언) : 이간하는 말.
◎ 離間(이간) : 두 사람 사이를 서로 소원하게 하다.

阜(阝)部
언덕(좌부방) 부

상형.
산 옆쪽의 험한 모양을 본뜬 글자.

阜
언덕 부

▷ 언덕, 좌부방, ※크다, 살찌다, 성(盛)하다.
【자원】 상형. 𨸏. 산 옆쪽의 험한 모양을 본뜬 글자.

※ 갑골문은 언덕이 셋 있는 모양을 나타내고 있다. 후에 언덕이라는 뜻으로 변하였다. 부수로 쓰일 때는 흔히 '阝'모양으로 바뀐다. 우부방〔阝〕과 다른 점은 우부방이 들어간 글자의 뜻은 '고을'과 관련이 있고, 좌부방이 들어간 글자의 뜻은 주로 '언덕'이나 지형과 관련이 있는 경우가 많다는 것이다. 독립된 글자로 쓰일 때는 흔히 '성하다'의 뜻으로 쓰인다.

◎ 阜蕃(부번) : 가축들이 번성하다.
◎ 阜盛(부성) : 성하게 되다.

획순 ′ 宀 宀 宀 阜 自 皀 阜

降
내릴 강

▷ 내리다. 〔항〕-항복하다.
【자원】 형성. 阝(=阜 : 언덕 부-뜻부분)와 夅(내릴 강-음부분)으로 구성되어, 언덕에서 아래로 내려온다 하여 '내리다'의 뜻으로 쓰이는 글자.

◎ 降等(강등) : 등급 혹은 계급 따위가 낮아지다.
◎ 降福(강복) : 하늘이 행복을 내려주다. 또는 그 내려주는 행복.
◎ 降神(강신) : 신(神)이 내리다. 또는 신이 내리기를 빌다.
◎ 降服(항복) : 전쟁에서 패하여 적에게 굴복하다.
◎ 降將不殺(항장불살) : 항복한 장수는 죽이지 않는다.

획순 乛 阝 阝 阝 阝 阼 陉 降

隶部
미칠, 닿을 이(대)

회의. 隶. ⺕(⺕ : 손 우)와 氺(氺 : 짐승의 꼬리 모양)로 구성되어
뒤쫓아가서 한 손으로 꼬리를 잡는다는 데서 '잡다'의 뜻으로 쓰이는 글자.
逮(미칠 체)의 본래자.

隸
종 예

▷ 남의 밑에 종사하는 사람, 죄인, 글씨 서체의 하나.
【자원】 회의. 내(柰)와 체(隶)가 합성하여 이루어진 자.

◎ 隸事(예사) : 옛 일을 나열하고 분류하다.
◎ 隸書(예서) : 한문 서체의 하나. 지금의 해서(楷書).

획순 ＊ 圭 圭 表 隶 隸 隸 隸

隹部
새 추

상형. 隹. 꼬리가 짧은 새나 작은새의 모양을 본뜬 글자. 부수로 쓰인 글자는 '새'와 관련
이 있다. ※鳥(새 조)와 혼용하는 경우가 있다. 雞(닭 계)=鷄, 雁(기러기 안)=鴈

雅
바를 아

▷ 바르다, 맑다, 우아하다, 아담하다.
【자원】 형성. 牙(어금니 아 - 음과 뜻부분)와 隹(새 추)로
구성되어, 까마귀〔隹〕 우는 소리가 어금니〔牙〕가 맞부
딪치는 소리와 같다는 뜻에서 만들어진 글자. ※또는
배가 흰 새의 입안 깊숙히〔牙〕에서 나오는 지저귐이
아름답다 하여 '아담하다'의 뜻이 되었다고 한다.

◎ 雅淡(아담) : 고상하고 담박하다.
◎ 雅號(아호) : 서화가, 문인, 학자 등이 본래이름 대신 쓰는 이름.

集
모을 집

▷ 모이다, 모으다.
【자원】 회의. 雧. 隹(새 추)와 木(나무 목)으로 구성된 글
자. 많은 새가 나무 위에 앉아 있는 모습을 본떴다. 새
가 나무 위에 '모이다'라는 뜻을 나타낸다.

◎ 集中(집중) : 한 곳에 모이다.
◎ 雲集(운집) : 구름 같이 많이 모이다.

획순 ノ イ 亻 什 隹 隹 隼 集

雨部

비, 비내릴 우

雨. 떠있는 구름에서 빗방울이 떨어지는 모양을 본뜬 글자.
※ '내리다' 의 뜻으로 파생되었다. 부수로 쓰인 글자의 뜻은 대부분
비와 관련이 있거나 기상 현상과 연관된 뜻을 갖는다.

雲
구름 운

▷ 구름.
【자원】 형성. 雨(비 우-뜻부분)와 云(이를 운-음과 뜻부분)으로 구성되어, 비가 되는 수증기를 나타낸 글자. '云'은 구름이 피어 오르는 모양을 본뜬 글자로, '雨'를 더하여 '구름'을 나타낸다.

◎ 雲霧(운무) : 구름과 안개.
◎ 雲中白鶴(운중백학) : 구름 속의 학이란 뜻으로 고상한 인품의 비유.
◎ 白雲(백운) : 흰 구름.

電
번개 전

▷ 번개, 전기.
【자원】 형성. 雨(비 우-뜻부분)와 电(申〈펼 신〉의 변형-음과 뜻부분)으로 구성되어 비〔雨〕가 오기 전 번쩍하고 빛이 퍼지는〔申〕 모습을 본뜬 글자.

◎ 電光石火(전광석화) : 번개불과 돌을 쳐서 나는 빛. 빠름을 비유.
◎ 電力(전력) : 전기의 힘.

露
이슬 로

▷ 이슬, 드러나다.
【자원】 형성. 雨(비 우-뜻부분)와 路(길 로-음과 뜻부분)로 구성되어, 길가의 풀잎에 빗방울이 맺힌 모양을 나타낸 글자.

◎ 露當當(노당당) : 조금도 숨김없이 공명정대한 것.
◎ 露出(노출) : 겉으로 드러내다.
◎ 草露(초로) : 풀에 맺힌 이슬〔부질없다는 뜻으로 흔히 쓰인다. 예 草露人生(초로인생)〕.

 획순 　一 十 雫 雫 雫 雷 霞 露

靑部

푸를 청

초목의 싹이 처음 돋아날〔生〕 때 색이 붉은색〔丹〕을 띠다가
점차 푸른색을 띤다는 데서 '푸르다'의 뜻이 된 글자.

靑
푸를 청

▷ 푸르다, 젊다.

【자원】 靑. 主(生〈날 생〉의 변형 – 뜻부분)과 丹(井〈우물
정〉의 변형 – 음부분)으로 구성된 글자. 초목의 싹이 처
음 돋아날〔生〕 때 색이 붉은색〔丹〕을 띠다가 점차 푸른
색을 띤다는 데서 '푸르다'의 뜻이 된 글자.

- ◎ 靑山流水(청산유수) : 말을 잘 하는 사람을 이와 같이 이
  른다.
- ◎ 靑天(청천) : 푸른 하늘.
- ◎ 靑天霹靂(청천벽력) : 맑은 하늘의 벼락 소리라는 뜻으로
  뜻밖에 생기는 일이나 변고
- ◎ 靑春(청춘) : 스무 살 안팎의 젊은이.

※다른 글자와 합성될 때는 소리 부호로 흔히 쓰인다.

획순 一 十 十 キ キ 靑 靑 靑 靑

靜
고요할 정

▷ 고요하다.

【자원】 형성. 靑(푸를 청 – 음과 뜻부분)과 爭(다툴 쟁 – 음
과 뜻부분)으로 구성된 글자. '靑'은 '淸(맑을 청)'에서
획이 생략된 것으로, 다투던 것〔爭〕이 맑게〔靑〕 해결되
었다는 데서 '고요하다'의 뜻으로 파생되었다.

※ 혹은 푸른〔靑〕 빛깔이 조용한 느낌을 준다는 데서 '고
요하다'의 뜻을 나타내게 되었다고도 한다.

- ◎ 靜壽躁夭(정수조요) : 마음이 안존한 사람은 장수하고 조
  급한 사람은 단명한다.
- ◎ 靜肅(정숙) : 고요하고 엄숙하다.
- ◎ 靜坐(정좌) : 심신을 고요히 하고 단정히 앉다.

非部
아닐, 어긋날 비

상형.
새의 날개가 좌우로 서로 등지고 있는 모양을 본뜬 글자.

非
아닐 비

▷ 아니다, 어긋나다, 그르다, 비난하다.
【자원】 상형. 兆. 새의 날개가 좌우로 서로 등지고 있는 모양을 본뜬 글자로 '등지다'에서 '아니다'로 파생되었다. ※또는 지사문자로, 새의 두 날개가 서로 반대 방향으로 펼쳐졌다고 해서 '어긋나다'의 뜻이 되었다고도 본다. 다른 글자와 합성되어 소리 부호로 쓰이는 경우가 있다.(예 蜚. 翡)

◎ 非禮(비례) : 예의가 아니다.
◎ 非命橫死(비명횡사) : 제 명에 죽지 못하다.
◎ 非常時(비상시) : 심상치 않은 때. 사변(事變) 등이 발생하였을 때.
◎ 非違(비위) : 법에 어긋나다. 또는 법에 어긋나는 일.
◎ 非池中物(비지중물) : 못 속의 용(龍)은 언젠가는 때를 만나 하늘에 오른다. 곧 영웅(英雄)은 세상에 묻혀 있어도 때만 만나면 반드시 공명(功名)을 이룬다는 말.

획순 ノ ナ ヲ ヺ 非 非 非 非

靡
다할 미

▷ 다하다, 없다, 쓰러지다, 쏠리다.
【자원】 형성. 麻(삼 마-음부분)와 非(아닐 비)로 구성된 글자. '아니다'에서 '없다'로 또 '쓰러지다'의 뜻으로 파생되었다.

◎ 靡爛(미란) : 썩어서 문드러지다. 또는 썩어서 문드러지게 하다.
◎ 靡寧(미령) : 병이 있어 편하지 않다.
◎ 靡靡(미미) : 쓰러지는 모양. 천천히 걷는 모양. 다하여 없어지는 모양.
◎ 靡盡(미진) : 멸하여 없어지다.

面部
얼굴 면

面
얼굴 면

▷ 얼굴, 대하다.
【자원】 회의, 상형. 圙. 사람의 얼굴 윤곽과 눈을 나타낸 글자로 '얼굴'을 뜻한다. ※또는 首(머리 수)와 囗(큰 입 구)로 구성되어 사람의 얼굴을 나타낸 글자라고도 한다. '표면'의 뜻으로 확장되었다.

◎ 面談(면담) : 서로 만나서 이야기하다.
◎ 面從後言(면종후언) : 보는 데에서는 복종하고 안 보는 곳에서는 다른 소리하다.
◎ 表面(표면) : 거죽으로 드러난 겉면.

획순 一 丆 丏 而 而 而 面 面

革部
가죽 혁

革
가죽 혁

▷ 가죽, 바꾸다.
【자원】 상형. 革. 두 손으로 짐승가죽의 털을 뽑고 있는 모양을 나타낸 글자. ※또는 다듬어지지 않은 한 장의 가죽을 본뜬 글자라고 한다. 가죽은 짐승의 표피를 가공한 것이므로 '고치다' '바꾸다'의 뜻으로도 쓰인다. 부수로 쓰인 글자는 가죽과 관련있는 뜻을 갖는 경우가 많다.

◎ 革帶(혁대) : 가죽으로 만든 띠.
◎ 革新(혁신) : 고쳐 새롭게 하다.

획순 一 廿 廿 芇 芇 苫 苩 革

靴
신 화

▷ 신, 가죽신.
【자원】 형성. 革(가죽 혁 – 뜻부분)과 化(될 화 – 음부분)로 구성된 글자로 가죽으로 만든 신발을 뜻한다.

◎ 靴笏(화홀) : 가죽신과 홀(관복을 입을 때 쓰는 것).
◎ 洋靴(양화) : 서양식 가죽신.

韋部
다룬가죽 위

韋
다룬가죽 위

▷ 다룬가죽, 에우다, 어기다.

【자원】회의. 韋. 의복을 만들기 위해 기름과 털을 제거한 짐승의 가죽을 뜻한 글자. ※갑골문에서는 口의 위아래에 각각 발이 있어 서로 반대로 가고 있음을 나타낸다. 즉 서로 '어긋난다'는 뜻이다. 부수로 쓰인 글자의 대부분은 가죽제품을 나타낸다.

◎ 韋帶(위대) : 다룬 가죽으로 만든 띠.
◎ 韋編三絕(위편삼절) : 공자가 『주역』을 많이 읽어 책을 묶은 끈(위편)이 세 번 끊어졌다는 말로 학문을 열심히 한다는 것.

韓
나라이름 한

▷ 나라 이름.

【자원】형성. 卓(해돋을 간 – 음부분)과 韋(에울 위 – 뜻부분)으로 구성된 글자. 해돋는 쪽에 성곽 같은 산에 둘러싸인〔韋〕 '한'이라는 나라라는 뜻으로 쓰인 글자.

◎ 韓國(한국) : 대한제국, 혹은 대한민국의 약칭.
◎ 三韓(삼한) : 마한, 진한, 변한을 일컫는다.

획순 十 十 古 直 卓 卓' 韓 韓 韓

韭部
부추 구

韭
부추 구

▷ 부추.

【자원】상형. 韭. 부추가 나있는 모양을 본뜬 글자. ※부추는 한 번 심어 계속해 베어 먹을 수 있는 훈채(葷菜 : 매운맛이 나는 채소)의 하나. 이 글자가 부수로 쓰인 글자는 다년생 풀과 관련이 있다. 韭는 韮(부추 구)와 혼용한다.

◎ 韭黃(구황) : 부추 뿌리의 노란 부분(맛이 좋다).

획순 丿 丬 丬 刲 刲 韭 韭 韭

音部　소리 음

지사.
말〔曰〕 속에 소리〔立〕가 있음을 나타낸 글자.

音
소리 음

▷ 소리.
【자원】 지사. 音. 立(설 립)과 曰(가로 왈)로 구성되어 말〔曰〕 속에 소리〔立〕가 있음을 나타낸 글자. ※혹은 갑골문에서는 音은 言(말씀 언)과 같은 글자였으나 후에 言의 밑부분 口에 성대를 나타내는 ‘一’을 넣어 구별한데서 音으로 변했다 한다. 혹자는 ‘口’가 본래 신령에게 맹세한 것을 담는 그릇인데, 여기에 ‘一’을 가하여 그릇 속에 신령의 뜻인 ‘소리’가 울려남을 뜻했다고 한다. 부수로 쓰인 글자는 소리, 음향 따위와 관련이 있다.

◎ 音聲(음성) : 목소리.
◎ 音與政通(음여정통) : 음악과 정치는 서로 통한다.
◎ 音韻(음운) : 한자의 음과 운. 말을 구성하는 음성 또는 그 체계.

획순　﹅ 亠 立 立 产 产 音 音

韻
울림 운

▷ 울림, 음운, 운, 운치.
【자원】 형성. 音(소리 음 – 뜻부분)과 員(인원 원 – 음부분)으로 구성된 글자.

◎ 韻文(운문) : 시구와 같이 글귀 끝에 운을 다는 것.
◎ 韻書(운서) : 음운에 관련된 책.

響
울림 향

▷ 울리다.
【자원】 형성. 鄕(시골 향 – 음부분)자와 音(소리 음 – 뜻부분)으로 구성된 글자. 소리〔音〕가 마주쳐 ‘울린다’는 뜻.

※ 鄕을 음으로 한 것은 시골이 도회지보다 잘 울린다 하여 사용했다 한다.

◎ 響應(향응) : 내지른 소리가 울리는 것 같이 남의 주장을 따르다.
◎ 音響(음향) : 소리의 울림.

頁部 머리 혈

사람의 머리 전체를 본뜬 글자.

頁 머리 혈

▷ 머리. 〔엽〕-면.

【자원】 🦬. 사람의 머리 전체를 본뜬 글자로 '머리'의 뜻을 지닌다. ※首(머리 수)와 뜻이 같다. 頁이 부수로 쓰인 글자의 대부분은 머리와 관련이 있다.

※ 책의 면(面 : page)을 나타낼 때는 '엽'이라고 읽는다.

頂 꼭대기 정

▷ 꼭대기, 정수리.

【자원】 형성. 丁(못 정-음과 뜻부분)과 頁(머리 혈-뜻부분)로 구성된 글자. 머리〔頁〕를 못〔丁〕의 윗부분에 비겨 '정수리' 혹은 '꼭대기'를 나타낸 글자.

◎ 頂門一鍼(정문일침) : 정수리에 침을 놓다. 즉 남의 급소를 찔러 통렬히 경계하는 일.
◎ 頂上(정상) : 꼭대기.

順 순할 순

▷ 순하다, 따르다.

【자원】 형성. 川(내 천-음과 뜻부분)과 頁(머리 혈-뜻부분)로 구성되어 모든 동작과 생각이 뇌에서 흐르듯이 순리에 맞게 살아간다는 뜻.

◎ 順序(순서) : 정해져 있는 차례.

※ 혹은 물이 위에서 아래로 흐르는 듯이 사람의 몸이 머리에서 발꿈치에 이르는 것은 순리라는 데서 '순하다'의 뜻이 순리에 따른다 하여 '따르다'의 뜻으로 파생되었다.

◎ 順從(순종) : 순순히 따르는 것.
◎ 歸順(귀순) : 귀의(歸依)하여 따르다. 반항심을 버리고 순종하다.

획순 丿 丿丨 丿丨厂 丿丨厂厂 順 順 順 順

風部
바람 풍

風
바람 풍

▷ 바람, 경치, 풍속.

【자원】 형성. 凡(무릇 범 - 음과 뜻부분)과 虫(벌레 충 - 뜻부분)으로 구성되어 벌레〔虫〕가 땅 속에서 스치는 바람〔凡〕에 의해서 기어나온다는 데서 바람의 뜻으로 쓰이는 글자. 風이 부수로 쓰인 글자는 바람의 종류와 관련이 있는 것이 많다.

◎ 風習(풍습) : 풍속과 습관.
◎ 風前燈火(풍전등화) : 바람 앞의 등불이라는 뜻으로 매우 위급한 처지에 놓여 있는 것을 일컫는 말.

획순 几 几 凡 凡 凬 風 風 風

飛部
날 비

飛
날 비

▷ 날다, 높다, 빠르다.

【자원】 상형. 升(오를 승)과 ⺄(새의 날개를 나타냄)으로 구성되어 새가 높이 날아〔⺄〕 오른다〔升〕는 뜻을 나타낸 글자. 새가 나는 것이 빠른 데서 '높다' '빠르다'의 뜻으로 파생되었다.

◎ 飛禽(비금) : 날짐승. 비조(飛鳥).
◎ 飛龍在天(비룡재천) : 성인(聖人)이 왕위에 있는 것.

획순 ⺄ ⺄ ⺄ 飞 飞 飛 飛 飛

飜
날 번

▷ 날다, 나부끼다, 뒤집다, 번역하다.

【자원】 형성. 番(순서 번 - 음부분)과 飛(날 비 - 뜻부분)로 구성된 글자. 바람에 날려〔飛〕 뒤집어졌다는 뜻.

※ 후에 '번역하다'의 뜻으로 파생되었다.

◎ 飜譯(번역) : 한 나라의 말, 글을 다른 나라의 말, 글로 옮김.
◎ 飜意(번의) : 마음을 뒤집어 돌리다.

食部 먹을 식 / 먹일 사

회의.
밥을 그릇에 모아 담아놓은 모양을 본뜬 글자.

食 먹을 식

▷ 먹다, 음식. 〔사〕 - 먹이다, 밥.

【자원】 회의. 솔. 亼(모을 집)과 皀(고소한밥 흡)으로 구성되어, 밥을 그릇에 모아 담아놓았음을 나타낸 글자.

- ◎ 食器(식기) : 음식을 담는 그릇.
- ◎ 食福(식복) : 먹을 복.
- ◎ 食不知其味(식부지기미) : 먹어도 그 맛을 알지 못하다. 곧 마음이 다른 곳에 있다는 뜻.
- ◎ 一簞食一瓢飮(일단사일표음) : 한 개의 대나무 도시락 밥과 하나의 표주박 물. 변변찮은 음식.

飮 마실 음

▷ 마시다, 물먹이다.

【자원】 회의. 餘. 食(밥 식)과 欠(하품 흠)으로 구성되어 입을 벌리고〔欠〕 물을 마신다〔食〕는 데서 '마시다'의 뜻이 된 글자.

- ◎ 飮徒(음도) : 술 친구.
- ◎ 飮料水(음료수) : 마시는 물.
- ◎ 飮酒(음주) : 술을 마시다.

획순 ＾ 乞 乭 食 飠 飠 飮 飮

養 기를 양

▷ 기르다, 가르치다.

【자원】 형성. 羊(양 양 - 음과 뜻부분)과 食(음식 식)으로 구성되어, 양〔羊〕에게 먹을 것〔食〕을 주어 기른다는 데서 '기르다'의 뜻이 된 글자.

- ◎ 養鷄(양계) : 닭을 기르다.
- ◎ 養兵(양병) : 병정을 양성하다.
- ◎ 養育院(양육원) : 노인이나 소아를 수용하여 양육하는 곳.

首部　머리 수

首
머리 수

▷ 머리.

【자원】상형. 🖼. 머리털과 머리 전체를 본뜬 글자. ※머리는 몸의 맨 위에 있기 때문에 '우두머리'라는 뜻으로 쓰인다. 首가 부수로 쓰인 글자는 머리와 관련이 있는 경우가 많다.

- ◎ 首肯(수긍) : 머리를 끄덕이다. 옳음을 인정하다.
- ◎ 首都(수도) : 서울. 국가의 중심도시.
- ◎ 首領(수령) : 두목(頭目). 우두머리.
- ◎ 首尾相接(수미상접) : 서로 이어져 끊이지 않다.
- ◎ 首席(수석) : 맨 윗자리.
- ◎ 首罪(수죄) : 많은 범죄 중에서 제일 중한 죄인.

획순　`丷 丷 丷 产 首 首 首 首`

香部　향기 향

香
향기 향

▷ 향기, 향기롭다.

【자원】회의. 🖼. 禾(벼 화)와 甘(달 감)으로 구성되어 쌀로 지은 밥은 달고 향기롭다는 데서 '향기'의 뜻으로 쓰이는 글자. ※혹은 黍(기장 서)와 甘으로 이루어진 글자라고 한다. 또 口가 甘으로 변한 것이라고도 한다. 기장이 익을 때의 향기를 뜻한 글자라는 것.

- ◎ 香氣(향기) : 향의 냄새.
- ◎ 香爐(향로) : 향을 피울 때 쓰는 조그만 화로.
- ◎ 香料(향료) : 향을 만드는 원료.
- ◎ 香圍粉陣(향위분진) : 미인에게 둘러싸여 있는 형상을 뜻함.

획순　`一 二 千 チ 禾 乔 香 香`

馬部　말 마

상형.
말의 모습을 본뜬 글자.

馬　말 마

▷ 말.
【자원】 상형. 象. 말의 모습을 본뜬 글자. 馬가 부수로 쓰인 글자는 '말'과 관련이 있거나 거기에서 파생된 뜻을 갖는 경우가 많다.

- ◎ 馬術(마술) : 말을 타는 재주.
- ◎ 馬耳東風(마이동풍) : 남의 말을 귀담아 듣지 않고 곧 흘려 버리다.
- ◎ 馬車(마차) : 말이 끄는 수레.

획순 ㅣ 厂 厂 厈 厈 馬 馬 馬 馬

騎　말탈 기

▷ 말타다, 기병.
【자원】 형성. 馬(말 마-뜻부분)와 奇(기이할 기-음부분)로 구성된 글자.

- ◎ 騎士(기사) : 기병(騎兵). 말탄 병사.
- ◎ 騎月雨(기월우) : 다음달까지 계속해서 내리는 비.

시조감상

風波(풍파)에 놀란 사공 배 팔아 말을 사니
九折羊腸(구절양장)이 물도곤 어려워라
이후란 배도 말도 말고 밭갈기만 하리라
-장 만-

張晩 : 1566∼1629. 자는 호고(好古). 호는 낙서(洛西).

骨部
뼈 골

骨
뼈 골

▷ 뼈.
【자원】 회의. 冎(살발라낼 과)와 月(肉 : 고기 육)으로 구성되어, 살을 발라낸 뼈를 뜻한 글자. ※갑골문은 상형 문자로 여러 개 뼈의 모양을 본뜬 것으로 되어 있다.

◎ 骨氣(골기) : 뼈대와 기질.
◎ 骨肉相殘(골육상잔) : 부모형제 사이에서 서로 해치는 것.
◎ 骨子(골자) : 가장 중요한 부분.

획순 冂 冂 冖 冎 冎 骨 骨 骨

體
몸 체

▷ 몸.
【자원】 형성. 骨(뼈 골-뜻부분)과 豊(두터울 풍, 레-음부분)로 구성된 글자. 뼈〔骨〕와 풍부한 살〔豊〕로 이루어진 '몸'을 뜻한 글자.

◎ 體格(체격) : 몸이 생긴 골격.
◎ 體用一原(체용일원) : 마음의 본체와 작용은 같다는 것.

高部
높을 고

高
높을 고

▷ 높다, 뛰어나다, 비싸다.
【자원】 상형. 髙. 성곽 위의 높은 망루를 본뜬 글자로 '높다'의 뜻을 나타낸다. ※高는 부수 글자이기는 하지만 부수로 쓰인 경우는 거의 없고 高자 아래의 口가 없는 변형이 쓰인 글자는 부수가 亠(돼지머리 해)이다. 예 亭(정자 정), 亮(밝을 량), 亳(은나라의 지명 박) 등.

◎ 高官大爵(고관대작) : 지위가 높고 귀한 벼슬.
◎ 最高(최고) : 가장 높다.

획순 亠 亠 亠 亠 亠 高 高

髟部

긴털드리울, 긴머리털 표

회의.
長(긴 장)과 彡(터럭 삼)으로 구성된 글자.
彡은 몸의 털을 나타내므로, 긴〔長〕 머리카락이 아래로 드리워짐을 뜻한다.
※이 글자는 독립 글자로 쓰이는 예는 없고 부수로 쓰인 경우 그 글자의 뜻은
머리카락이나 털과 관련이 있다.
우리 나라에서는 흔히 '터럭발밑' 이라 부른다.

髮
머리털 발

▷ 머리털, 터럭, 초목의 뜻.
【자원】 회의. 머리카락이 휘날리는 데에서 발〔犮〕이 음을
나타낸다. 밑에 犮(개달아날 발―음부분)자를 합한 글
자. 긴 머리털〔髟〕이 개꼬리〔犮〕 같이 늘어진 것을 나
타낸 글자.

◎ 髮末(발말) : 머리털의 끝.
◎ 毛髮(모발) : 머리털.
◎ 理髮(이발) : 머리털을 깎다.

획순 ｜ 𠀐 𡕛 髟 髟 髮 髮 髮

鬥部

싸울 투

상형. 무기를 가지고 서로 맞서 있는 모양을 본뜬 글자로
'싸우다' '다투다' 의 뜻을 나타낸다. 부수로 쓰여 싸움과 관련있는 뜻을 나타낸다.
글자의 모양을 鬥으로 간략 쓰는 경향이 있다.

鬪
싸울 투

▷ 싸우다, 시합하다.
【자원】 형성, 회의. 원래는 鬥로 썼다. 이 글자에는 뜻과 소리
는 같아도 모양이 서로 다른 자(字)가 많다. 예 鬭, 鬦, 鬧.

◎ 鬪士(투사) : 전쟁터나 경기장에서 싸우려고 나선 사람.
◎ 鬪牛(투우) : 소를 싸움 붙이다. 또는 싸움 잘하는 소
◎ 鬪志(투지) : 싸울 마음. 싸우려는 의욕.

획순 ｜ 「 ｢ 鬥 鬥 鬥 鬥 鬥 鬥

鬯部
울창주 창

鬯 술이름 창	▷ 울창주, 술이름, 활집. 【자원】 회의. 㐫(술이 담겨진 그릇)과 匕(숟가락 비)로 구성된 글자. 술그릇에서 숟가락 혹은 국자[匕]로 술을 뜬다는 것을 나타낸다.

※ 이 글자는 울창주 외에 '울금초(鬱金草)' '무성하다'의 뜻이 있다. 부수로 쓰여 술에 넣는 풀이나 혹은 술과 관련된 뜻을 나타낸다.

❖ 울창주(鬱鬯酒)란 울금향(鬱金香 : 울금초 향료)을 넣어 만든 향기로운 술인데, 강신(降神 : 신을 부르는 것) 때 사용한다고 한다.

◎ 鬯酒(창주) : 옻기장으로 빚은 술. 강신제에 쓴다.

획순   乚   乚丨   乚丨乚   㐫   㐫   㐫   㐫   鬯

鬲部
다리굽은솥 력
오지병그릇 격

鬲 다리굽은솥 력	▷ 다리굽은 솥. 〔격〕 - 오지병 그릇, 막다. 【자원】 상형. 鬲. 다리가 굽은 솥의 모양을 본뜬 글자이다. ※부수로 쓰인 글자의 뜻은 대부분 '솥'과 관련이 있다. 또 '막다' '간격' 등과 관련있는 경우도 있다.

◎ 鬲閉(격폐) : 격리하여 잠그다.
◎ 釜鬲(부력) : 가마솥과 다리가 굽은 솥.

획순   一   一丁   一丁   丏   鬲   鬲   鬲   鬲

鬼部
귀신 귀

상형.
사람이 얼굴에 커다란 탈을 쓴 모양을 나타낸 글자.

鬼
귀신 귀

▷ 귀신.
【자원】 상형. 鬼. 사람이 얼굴에 커다란 탈을 쓴 모양을 나타낸 글자. ※또는 크고 이상한 머리의 사람을 나타낸다고 한다. 또는 甶(귀신머리 불)과 儿(＝人 : 사람 인)과 厶(私〈사사로울 사〉의 본자)로 구성되어, 죽은 사람의 영혼인 '귀신'을 뜻한다. 귀신이 사사로이 해친다는 데서 厶자를 합쳤다고 한다(회의문자). 鬼가 부수로 쓰인 글자의 뜻은 대부분 '귀신' '초자연적인 작용' 등과 관련이 있다.

◎ 鬼神(귀신) : 눈에 보이지 않는 무서운 정령(精靈). 죽은 사람의 영혼. 재주가 뛰어난 사람의 비유.
◎ 鬼出電入(귀출전입) : 귀신이 출몰하고 번개가 들어가는 것과 같다. 곧 신출귀몰(神出鬼沒)과 같다.
◎ 鬼火(귀화) : 도깨비 불.

획순 冂 冎 甶 甶 甶 兜 鬼 鬼

魂
넋 혼

▷ 혼, 넋.
【자원】 형성. 云(이를 운 - 음부분)과 鬼(귀신 귀 - 뜻부분)로 구성된 글자. 죽은 사람의 넋〔鬼〕이라는 데서 '혼'이라고 쓰인다.

◎ 魂飛魄散(혼비백산) : 몹시 놀라다.
◎ 靈魂(영혼) : 사람의 육체를 지배하는 정신 현상의 본원.

魄
넋 백

▷ 넋.
【자원】 형성. 鬼(귀신 귀 - 뜻부분)와 白(흰 백 - 음부분)으로 구성된 글자. 죽은 사람의 흰 뼈를 뜻한 글자.

◎ 魂魄(혼백) : 넋.

魚部 물고기 어

상형.
물고기의 모습을 본뜬 글자.

魚 물고기 어

▷ 물고기.
【자원】상형. 🐟. 물고기의 모습을 본뜬 글자. ⌒는 물고기의 머리, 田은 몸통, ⺁는 지느러미. 魚가 부수로 쓰인 글자는 물고기 종류, 어패류(魚貝類)와 관련이 있다.

◎ 魚頭肉尾(어두육미) : 생선은 대가리, 짐승은 꼬리가 맛있다는 뜻.
◎ 魚貝(어패) : 물고기와 조개.

획순　／　／　／ ／ ／ ／ ／ ／ ／ 魚

鮮 고울 선

▷ 곱다, 깨끗하다, 드물다, 생선.
【자원】형성. 魚(고기 어 – 뜻부분)와 羊(노린내날 전의 변형 – 음과 뜻부분). 노린내 혹은 비린내가 나는 '생선〔魚〕'을 뜻한 글자. 생선은 싱싱해야 한다는 데서 '신선하다' '깨끗하다'의 뜻으로도 쓰인다.

◎ 鮮明(선명) : 산뜻하고 분명하다.
◎ 生鮮(생선) : 물에서 잡아낸 물고기.

시조감상

한 大學(대학)책이 어찌하여 좋은 글고
나 살고 남 사니 긔 아니 좋은 글가
나 속고 남 속일 글이야 읽어 무슴하료
－고응척－

高應陟 : 1531～1605. 자는 숙명(叔明). 호는 두곡(杜谷).

鳥部
새 조

<table>
<tr><td>

鳥
새 조

</td><td>

▷ 새.
【자원】 상형. . 꼬리가 긴 새의 모양을 본뜬 글자.
※隹(새 추) 역시 새를 뜻하는 글자로 꼬리가 짧은 새를 나타내고, 鳥는 꼬리가 긴 새를 나타냈으나 지금은 그런 구분이 없다. 鳥가 부수로 쓰인 글자의 뜻은 새와 관련이 있다.

◎ 鳥籠(조롱) : 새장.
◎ 鳥足之血(조족지혈) : 새발의 피. 분량이 매우 적음을 일컬음.

</td></tr>
</table>

획순 ´ ⺊ ⺆ ⺈ ⺈ 自 鳥 鳥

<table>
<tr><td>

鳴
울 명

</td><td>

▷ 울다, 울리다.
【자원】 회의. 口(입 구)와 鳥(새 조)로 구성된 글자. 닭[鳥]이 주둥이[口]를 벌리고 '운다'는 것을 나타낸 글자.

◎ 鳴動(명동) : 울려 진동하다.
◎ 悲鳴(비명) : 다급할 때 지르는 소리.

</td></tr>
</table>

鹵部
짠땅 로

<table>
<tr><td>

鹵
짠땅 로

</td><td>

▷ 짠땅, 소금밭, 둔하다.
【자원】 . 소금덩어리(돌소금)의 모양을 나타낸 글자. ※또는 소금이 담겨있는 그릇을 본뜬 글자라고 한다. 소금밭에서는 식물이 자라지 못하므로 '거칠다' '황무지' 등의 뜻으로 쓰이고 간혹 '노략질하다'의 뜻으로 쓰인다.

◎ 鹵鈍(노둔) : 미련하고 둔하다.
◎ 鹵田(노전) : 염분이 있는 메마른 땅.
◎ 鹵獲(노획) : 적의 군용품 등을 빼앗아 가지다.

</td></tr>
</table>

획순 ˊ ⺊ ⼧ 卤 卤 鹵 鹵 鹵

鹽
소금 염

▷ 소금.
【자원】 형성. 鹵(염밭 로-뜻부분)와 監(살필 감-음부분)
으로 고성된 글자. 염밭에서 흙이 섞여 들지 않도록 잘
보살펴〔監〕 만든 '소금'을 나타낸 글자.

◎ 鹽分(염분) : 소금기.
◎ 鹽酸(염산) : 염화(鹽化)수소가 물에 녹은 것.
◎ 鹽水(염수) : 소금을 타서 녹인 물.
◎ 鹽田(염전) : 소금을 만드는 밭.

鹿部
사슴 록

鹿
사슴 록

▷ 사슴.
【자원】 상형. 麤. 사슴의 머리, 뿔, 네 발 등을 본뜬 글자.
※鹿이 부수로 쓰인 글자의 뜻은 사슴이나 사슴과 유
사한 동물의 뜻을 나타낸다.

◎ 鹿角(녹각) : 사슴의 뿔.
◎ 鹿死誰手(녹사수수) : 사슴이 죽으면 누구의 손에 들어갈
까. 곧 천하가 누구의 손 안으로 돌아갈 것인가?의 뜻.
◎ 鹿茸(녹용) : 사슴의 새로 돋은 연한 뿔.

획순 ㆍ 广 户 庐 庐 庐 庐 鹿

麗
고울 려

▷ 곱다.
【자원】 형성. ㎣(붙을 려-음부분)와 鹿(사슴 록-뜻부분)
을 합한 글자. 사슴〔鹿〕들이 나란히 붙어서〔㎣〕 가는 모
양이 '곱다'는 것을 뜻한 글자.

◎ 麗句(여구) : 아름다운 문구(文句).
◎ 麗文(여문) : 아름다운 무늬. 고운 문채.
◎ 麗容(여용) : 아름다운 얼굴.
◎ 麗人(여인) : 얼굴이 예쁜 사람. 미인.
◎ 華麗(화려) : 빛나고 아름다움.

麥部
보리 맥

麥
보리 맥

▷ 보리.
【자원】 회의. 麥. 來(올 래 : 보리이삭의 모양)와 夂(뒤져올 치 : 뿌리를 뜻함)로 구성된 글자. 보리는 가을에 파종하여 거두어 들인다는 데서 '보리'라는 뜻을 나타낸 글자. ※부수로 쓰여 보리로 만든 물건이라는 뜻을 나타낸다.

◎ 麥農(맥농) : 보리 농사(農事).
◎ 麥嶺(맥령) : 우리말의 보리고개(보리를 수확하기 전의 춘궁기)를 한역(漢譯)한 말.
◎ 麥芽(맥아) : 보리싹. 엿기름.
◎ 麥酒(맥주) : 보리를 원료로 삼아 담근 술.

획순　一 𠂔 𡚝 𡚬 𡙮 夾 麥 麥

麻部
삼 마

麻
삼 마

▷ 삼.
【자원】 상형. 广(집 엄)과 林(삼실을 뜻함)으로 구성되어, 집[广]에서 길러 실을 가르는 삼[林]의 모양을 본뜬 글자. ※麻는 다른 글자와 합쳐질 때 주로 음부분을 나타낸다.

◎ 麻痺(마비) : 신경이나 힘줄이 제 구실을 못하거나 소멸되어서 움직이지 못하는 병.
◎ 麻衣(마의) : 삼베로 만든 옷.
◎ 麻中之蓬(마중지봉) : 삼밭 속의 쑥. 곧 곧은 삼 속에서 자란 쑥은 저절로 곧게 자라게 된다는 뜻으로, 훌륭한 스승이나 벗의 감화로 인하여 선량한 사람이 되는 것.
◎ 麻皮(마피) : 삼의 껍질.

획순　丶 一 广 广 庐 庐 麻 麻

黃部
누를 황

黃 누를 황

▷ 누렇다.

【자원】형성. 黃. 炗(光〈빛광〉의 고자 – 음부분)과 田(밭전 – 뜻부분)으로 구성되어, 흙의 빛깔이 누르다는 뜻에서 나온 글자. ※일설에는 밭의 곡식이 익어 빛깔이 '누름'을 뜻한 글자라고도 한다. 黃은 다른 글자와 합쳐져 음부분을 나타낸다.

- ◎ 黃金萬能(황금만능) : 돈을 무엇보다도 귀중하게 여기다.
- ◎ 黃鳥(황조) : 꾀꼬리.
- ◎ 黃土(황토) : 누런 흙. 또는 저승을 뜻하기도 한다.
- ◎ 黃波(황파) : 보리나 벼 등이 익은 이삭들이 바람에 나부끼어 물결 치듯이 보이는 것의 형용.
- ◎ 黃昏(황혼) : 해가 지고 어둑어둑할 시기.

획순 一 艹 艹 芒 芒 苗 黃 黃

黍部
기장 서

黍 기장 서

▷ 기장.

【자원】黍. 禾(벼 화)와 雨(비 우)로 구성되어, 장마〔雨〕에도 잘 견디는 벼〔禾〕의 일종인 기장을 뜻한 글자. 黍가 부수로 쓰인 글자의 뜻은 기장과 관련이 있다.

- ◎ 黍離之歎(서리지탄) : 나라가 망하고 종묘나 궁전이 없어져 그 터가 기장밭이 된 탄식. 곧 세상의 흥망성쇠(興亡盛衰)가 무상하다는 탄식.
- ◎ 黍粟(서속) : 기장과 조
- ◎ 黍稷(서직) : 메기장과 차기장.
- ◎ 黍禾(서화) : 기장.

획순 一 千 禾 禿 禿 柔 黍 黍

黑部 검을 흑

회의.
불을 땐 연기에 의해서 굴뚝이 검게 그을었다는 것을 나타낸 글자.

黑
검을 흑

▷ 검다, 어둡다.

【자원】 회의. 㷼. 㓁(굴뚝 창)과 炎(불꽃 염)으로 구성되어, 불을 땐 연기에 의해서 굴뚝이 검게 그을었다는 데서 '검다'의 뜻으로 쓰이는 글자. 뜻이 '어둡다'로 파생되었다.

◎ 黑幕(흑막) : 겉으로 드러나지 않은 음흉한 내막.
◎ 黑白分明(흑백분명) : 선과 악이 분명하다.
◎ 黑心(흑심) : 컴컴한 욕심을 품은 마음.

획순 丨 冂 冂 罒 甲 里 黑 黑

默
잠잠할 묵

▷ 말없다, 조용하다, 잠잠하다.

【자원】 형성. 黑(검을 흑-음부분)과 犬(개 견-뜻부분)으로 구성된 글자로 밤이 깊어 캄캄해짐에〔黑〕 개〔犬〕도 짖지 않아 '조용하다'는 뜻.

◎ 默念(묵념) : 묵묵히 생각하다.
◎ 默禱(묵도) : 마음 속으로 빌다.
◎ 默想(묵상) : 말 없이 마음 속으로 생각하다.
◎ 沈默(침묵) : 말없이 잠잠하다.

點
점 점

▷ 점, 불켜다.

【자원】 형성. 黑(검을 흑-뜻부분)과 占(얼룩질 점-음부분)으로 구성된 글자. 먹물〔黑〕이 튀어 얼룩진〔占〕 것처럼 '점찍다'는 것.

◎ 點檢(점검) : 낱낱이 조사하다. 자세히 검사하다.
◎ 點呼(점호) : 인원을 조사하다.
◎ 點火(점화) : 불을 붙이다.

黹 部
바느질할 치

상형.
천에 자수를 한 것을 본뜬 글자.

黹
수 치

▷ 수, 바느질하다.
【자원】상형. 黹. 천에 자수를 한 것을 본뜬 글자.

※ 또는 㡀(옷 헤질 폐)와 丵(풀 무성할 착)으로 구성되어 헤진 옷을 바늘로 꿰맨다는 뜻.

※ 이 글자가 부수로 쓰인 글자는 자수와 관련이 있다.

　◎ 黹衣(치의) : 옷에 바느질하다.(잘 쓰지 않는다)
　◎ 黹線(치선) : 바느질하다.(잘 쓰지 않는다)

획순　〃　〃丨　〃丨丨　业　丵　丵丵　耑　黹

黽 部
맹꽁이 맹
힘쓸 민

개구리의 형상을 본뜬 글자.

黽
맹꽁이 맹

▷ 맹꽁이. 〔민〕–힘쓰다.
【자원】黽. 맹꽁이의 모양을 본뜬 글자.

※ 뜻이 '힘쓰다'로 파생되었는데 이 때의 음은 '민'이다. 이 글자가 부수로 쓰인 글자의 뜻은 개구리과의 동물 따위와 관련이 있다.

　◎ 黽勉(민면) : 부지런히 힘쓰다.
　◎ 黽池(민지) : 한(漢)나라 때 고을 이름.

획순　一　厂　匸　㾏　黾　黾　黽　黽

鼎部　솥 정

<table>
<tr><td>

鼎

솥 정

</td><td>

▷ 솥.

【자원】鼎. 쇠로 만든 세 발 달린 가마솥의 모양을 본뜬 글자. ※鼎이란 솥은 일반 솥이 아니라 고대에는 왕위(王位)를 상징하는 것이었다. 이 글자가 부수로 쓰인 경우 그 글자는 솥과 관련이 있다.

</td></tr>
</table>

- ◎ 鼎談(정담) : 세 사람이 둘러앉아 이야기하다.
- ◎ 鼎立(정립) : 세 발 솥처럼 벌려 서다.
- ◎ 鼎味(정미) : 요리의 맛.
- ◎ 鼎臣(정신) : 대신. 재상(宰相). 삼정승을 일컫는다.
- ◎ 鼎族(정족) : 부귀한 집안. 곧 귀족들.

획순 冂 日 甲 甲 鼎 鼎 鼎 鼎

鼓部　북 고

<table>
<tr><td>

鼓

북 고

</td><td>

▷ 북, 북치다, 연주하다.

【자원】회의. 鼓. 壴(악기세울 주)와 攴(가지 지)로 구성되어 북 같은 악기를 세워놓고 나뭇가지로 친다는 뜻.

</td></tr>
</table>

※이 글자가 부수로 쓰인 경우 그 글자는 악기와 관련이 있다.

- ◎ 鼓角(고각) : 북과 나팔.
- ◎ 鼓舞(고무) : 북을 쳐 춤추게 하다. 용기를 북돋아 주다.
- ◎ 鼓聲(고성) : 북을 치는 소리. 북소리.
- ◎ 鼓勇(고용) : 용기(勇氣)를 진작시키다. 용기를 고무시키다.

획순 士 吉 吉 吉 壴 壴 鼓 鼓

鼠部
쥐 서

鼠
쥐 서

▷ 쥐.
【자원】상형. 鼠. 쥐의 이, 몸, 꼬리의 모양을 본뜬 글자.

※ 이 글자가 부수로 쓰인 경우 그 글자는 쥐나 쥐와 비
슷한 동물과 관련이 있다.

◎ 鼠思(서사) : 근심하다.
◎ 鼠色(서색) : 푸른빛이 나는 검은빛.
◎ 鼠鬚筆(서수필) : 쥐의 수염으로 만든 붓.
◎ 鼠賊(서적) : 좀도둑. 쥐 같은 도둑.
◎ 鼠族(서족) : 쥐의 족속. 교활한 사람을 일컫는다.

획순 ㆍ ㅌ ㅌ ㅌ ㅌ ㅌ 鼠 鼠

鼻部
코 비

鼻
코 비

▷ 코, 시초.
【자원】상형. 코의 모양을 본뜬 글자. ※혹은 自(스스로
자)와 畀(줄 비)로 구성되어 코로 숨을 쉬며 공기를
인체에 내린다는 뜻에서 나온 회의문자라고 한다. 부수
로 쓰인 예는 많지 않다.

◎ 鼻頭出火(비두출화) : 코끝에서 불이 나오다. 곧 기염(氣
焰)이 대단한 것을 이른다.
◎ 鼻炎(비염) : 코 속의 점막에 염증이 생긴 것.
◎ 鼻音(비음) : 콧소리.
◎ 鼻祖(비조) : 처음으로 사업을 일으킨 사람. 한 겨레의 맨
처음 조상.

획순 ㄇ 自 自 鼻 鼻 鼻 鼻 鼻

齊部 가지런할 제 / 재계할 재

齊 가지런할 제

▷ 가지런하다, 나라 이름, 〔재〕- 재계하다.

【자원】 ◌. 보리의 이삭이 나란히 서있는 모양을 본뜬 글자. 나란히 서있는 이삭의 모양에서 '가지런하다'의 뜻으로 쓰이고, 또는 곡식을 가꾸고 돌본다는 데서 '다스리다'의 뜻으로도 쓰인다. 齋(재계할 재)와 통용하기도 한다. 다른 글자와 합쳐져 음부분을 나타낸다.

◎ 齊家(제가) : 집안을 다스리다. 치가(治家).
◎ 齊民(제민) : 백성을 잘 다스리다.
◎ 齊唱(제창) : 여러 사람이 일제히 노래 부르는 것.
◎ 齊平(제평) : 가지런하고 평평하다. 똑같다.

획순 一 亠 亣 亣 齊 齊 齊 齊

齒部 이 치

齒 이 치

▷ 이, 나이.

【자원】 상형. ◌. ㅂ(=口 : 입 구)와 ㅛ(=止 : 그칠 지)와 ◌◌◌(이를 나타냄)으로 구성되어, 이가 입안에 가지런히 나있는 모양을 본뜬 글자.

◎ 齒亡舌存(치망설존) : 이는 빠져도 혀는 남는다. 곧 강한 자는 먼저 망하고 부드러운 자는 끝까지 남아 있다는 뜻.
◎ 齒牙(치아) : '이'를 점잖게 이르는 말.
◎ 齒列(치열) : 잇마디. 곧 이가 박힌 열의 생김새. 또는 나란히 늘어서다.
◎ 齒車(치차) : 톱니바퀴.
◎ 齒痛(치통) : 이가 아프다. 이의 통증.

획순 丨 卜 止 岁 龄 齿 齒 齒

龍部
용 룡

龍
용 룡

▷ 용.
【자원】 상형. 麗. 立(설 립)과 月(＝肉 : 고기 육)과 ᄐ(날 으는 모양)으로 구성되어, 몸〔肉〕을 곤두 세우고〔立〕 하늘로 날아 오르는〔ᄐ〕 용의 모습을 본뜬 글자.

※ 龍이 부수로 사용된 글자는 용과 관련이 있고, 또는 다른 글자와 합쳐져 음부분을 나타내기도 한다. 상상의 동물로 귀하게 여겨 임금을 상징할 때 흔히 쓰인다.

◎ 龍頭蛇尾(용두사미) : 시작은 좋으나 뒤끝이 점점 나빠짐을 이르는 말.
◎ 龍顔(용안) : 임금의 얼굴.

획순 ᅩ 立 音 音 音 龍 龍 龍

龜部
거북 귀(구)
땅이름 구
터질 균

龜
거북 귀

▷ 거북. 〔구〕-땅 이름. 〔균〕-터지다.
【자원】 상형. 龜. 거북의 머리, 네 발, 꼬리의 모양을 본뜬 글자. ※거북의 껍질을 태워 그 갈라지는 모양을 보고 점을 쳤다하여 '갈라지다' '터지다'의 뜻으로도 쓰인다. 부수로 쓰인 예는 별로 없다.

◎ 龜鑑(귀감) : 사물(事物)의 거울. 법도 본보기.
◎ 龜甲(귀갑) : 거북의 등껍데기.
◎ 龜毛兎角(귀모토각) : 거북의 털과 토끼의 뿔이라는 뜻으로, 사물이 있을 수 없는 것을 비유한 것이다.
◎ 龜裂(균열) : 갈라져 터지다.

획순 ᄼ ᄼᄉ 乇 乇 龟 龟 龜 龜

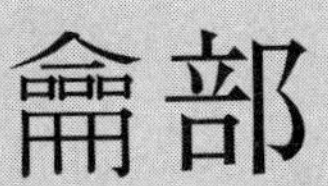 龠部

피리 약

龠
피리 약

▷ 피리.
【자원】 상형. 龠. 대나무 책〔册〕을 엮어 구멍〔口〕을 여러 군데 뚫어 한데 모은〔亼〕 악기를 본뜬 글자.

※ 부수로 쓰인 글자의 뜻은 주로 피리 종류의 악기나 또는 피리를 연주하여 화목하다는 뜻을 나타낸다. 분량이 작은 수치를 나타내는 단위로도 쓰인다.

◎ 龠合(약홉) : 곡식의 작은 분량 단위. ※이 때 合(합)은 '홉'으로 읽는다.
◎ 執龠(집약) : 피리를 잡다.

획순 ㅅ ㅅ ㅅ ㅅ 龠 龠 龠 龠

시조감상

松林(송림)에 눈이 오니 가지마다 꽃이로다
한 가지 꺾어 내어 님 계신 데 보내고자
님 계셔 보시온 후에 녹아진들 어이리
　　　　　-정 철-

田園(전원)에 봄이 오니 이 몸이 일이 하다
꽃남근 뉘 옮기며 약밭은 언제 갈리
아이야 대 베어 오너라 삿갓 먼저 결으리라
　　　　　-성 운-

成運 : 1497～1579. 자는 건숙(健叔). 호는 대곡(大谷).

글자 찾아 보기

시조 지은이 찾기

8. 논 어

金 相 培 편역
● 374 쪽/값 7,000 원

공자와 제자들의 사랑방 대화록. 공자(孔子)의 '배우고 때때로 익히면 즐겁지 아니한가, 벗들이 먼 곳에서부터 찾아온다면 이 얼마나 즐거운 일인가.'로 시작되는 논어를 통해 공문 제자의 교육법을 알 수 있는 것. 오늘의 메마른 사회의 정신을 가다듬는 청량제라 할 수 있다. 〈5쇄〉

9. 맹 자

全 壹 煥 편역
● 474 쪽/값 6,000 원

난세를 다스리는 정치철학. 백성이란 생활을 유지할 생업이 있어야 변함없는 마음을 가질 수 있고, 생업이 없으면 변함없는 마음을 가질 수 없다. 진실로 변함없는 마음이 없으면 마음이 흔들려 방탕·편벽·사악·사치 등으로 흐른다. 그런 연후에 그들을 처벌한다면 그것은 백성을 그물질하는 것과 같다. 〈4쇄〉

10. 시 경

黃松文 · 李相鎭 편역
● 510 쪽/값 10,000 원

공자는 시(詩) 3백편을 한마디로 대변한다면 '사무사(思無邪)'라고 했다. 옛 성인들은 시경을 인간의 마음을 정화시키는 중요한 교육서로 삼았다. 이것은 시가 인간에게 정서함양과 인격수양의 기초가 되기 때문이다. 이 305 편의 시에 관련된 동물·식물 문물제도의 사진이 420장이나 수록되어 있다. 〈2쇄〉

11. 서 경

李相鎭 · 姜明官 편역
● 444 쪽/값 6,000 원

요순(堯舜)시대부터 서주(西周)시대까지의 정사(政事)에 관한 모든 문서(文書)를 공자(孔子)가 수집하여 편찬한 책이다. 기사문(記事文)도 약간 있으나 대부분이 제왕(帝王)의 선유(宣諭)·명령사(命令辭)이다. 유학의 정치에 치중한 경전의 하나로 산문의 시조라 할 수 있는 매우 중요한 저서이다. 〈2쇄〉

12. 주 역

梁 鶴 馨 해역
● 493 쪽/값 10,000 원

주역은 신성한 경전도 신비한 기서(奇書)도 아니다. 보는 자의 관점에 따라 판단을 내리도록 하는 것이 역의 기본이치이다. 주역은 하나의 암시이다. 이 암시는 사람에 따라 자유로운 연상을 할 수 있는 것으로 자신이 지니고 있는 문제를 생각하고 해결해 나가야 하는 것이 주역이 주는 암시인 것이다. 〈3쇄〉

13. 노자도덕경

노 재 욱 편저
● 256 쪽/값 5,000 원

난세를 쉽게 사는 생존철학으로 인생은 속절없고 천지는 유구하다. 천지가 유구한 것은 무위 자연의 도를 수행하고 있기 때문이다. 다투는 것은 도를 어기는 것이며 모든 악의 근원이다. 물에서 우리는 평화의 상징을 엿볼 수 있다. 제일 귀중한 것은 무엇인가. 그것은 자기의 생명이다 라고 했다. 〈3쇄〉

14. 장 자

노 재 욱 편저
● 256 쪽/값 5,000 원

바람따라 구름따라 정처없이 노닐며 온 천하의 그 무엇에도 속박되는 것 없이 절대 자유로운 삶을 영위하는 소요유에서부터 제물론, 양생주, 인간세, 덕충부, 대종사, 응제왕편 등 장주(莊周)의 자유무애한 삶의 이야기이다. 장자 특유의 무한한 우주관(宇宙觀)과 인생관을 엿볼 수 있다. 〈3쇄〉

15. 묵 자

朴 文 鉉 편역
● 360 쪽/값 10,000 원

묵자(墨子)는 '사랑'을 주창한 철학자이며 실천가이다. 묵자의 이론은 단순하지만 그 이론을 지탱하는 무게는 끝없이 크다. 그러므로 전국시대 사람들의 마음을 사로잡아 거의 유가(儒家)의 세력을 압도하고 있었다. 공자의 '인(仁)'사상은 광대하지만 묵자의 '사랑'은 구체적이고 적극적인 것이다.

16. 효 경

朴明用 · 黃松文 편저
● 240 쪽/값 4,000 원

효도의 개념을 정립한 것. 공자의 제자인 증자(曾子)는 그의 아버지에게 효도하는 것이 뛰어났었다. 그는 죽음을 맞이하는 그 순간까지 효도의 마음가짐을 지녔다. 이러한 증자의 뛰어난 점을 간파한 공자가 증자에게 효도에 관한 언행을 전하여 기록하게 한 효의 이론서로 가정의 평화를 이룩할 수 있다. 〈2쇄〉

17. 한비자(상 · 해)

노재욱 · 조강환 편역
● 상 · 532 쪽/값 10,000 원
● 하 · 512 쪽/값 9,000 원

약육강식이 횡행하던 춘추전국시대에 순자의 성악설(性惡說)을 사상적 배경으로 받아들여 법의 절대주의를 역설하였다. '대도(大道)는 인이 아니라 법이다.' 라는 그의 언행속에는 이상주의적인 국가관을 배척하고 인간 본성을 정치실현의 도구적인 것으로 간파하고 법 위주의 냉엄한 철학으로 이루어졌다. 〈2쇄〉

18. 근사록

정 영 호 해역
● 420 쪽/값 8,000 원

내 삶의 지팡이. 송(宋)나라의 논어(論語)라 일컬어진 『근사록』은 송나라 성리학(性理學)을 집대성한 유학의 진수이다. "가까운 것을 가지고 미루어 생각하는 것이 근사(近思)"라는 뜻을 담아, 높은 차원의 철학적 사상과 학문이 쉽고 짧은 문장으로 다루어져 누구나 손쉽게 접할 수 있다. 〈4쇄〉

19. 포박자

갈 홍 지음/장영창 편역
● 274 쪽/값 6,000 원

불로장생(不老長生), 이것은 우리 모든 인간의 소망이며 기원의 대상이다. 신선이란 무엇인가? 인간은 죽음을 초월할 수 있는가? 불로불사(不老不死)의 약은 있는가? 당신도 신령과 영을 통할 수 있는가? 개인은 숙명적인 운명을 타고 나는가? 등등. 인간들이 궁금해 하는 사연들이 조명되고 있다. 〈5쇄〉

20. 여씨춘추 (12紀 · 8覽 · 6論)

鄭 英 昊 해역
● 12紀 · 370쪽/값 7,000 원
● 8覽 · 464쪽/값 9,000 원
● 6論 · 240쪽/값 4,000 원

진시황의 생부인 여불위(呂不韋)가 문객과 함께 심혈을 기울여 이룩한 저서로 사론서(史論書)이다. 유가(儒家) · 도가(道家) · 묵가(墨家) · 병가(兵家) · 명가(名家) 등의 설을 취합하고 있다. 『12기, 8람, 6론』으로 나뉘어 3천여 학자가 참여한 선진(先秦)시대의 학설과 사상을 총망라하여 다룬 백과전서. 〈2쇄〉

21. 고승전

혜 교저/유월탄 편역
● 260 쪽/값 4,000 원

중국대륙에 불교가 들어 오면서 불가(佛家)의 오묘 불가사의한 행적들과 중국으로 전파되는 전도과정(傳道課程)에서의 수난(受難)과 고통, 수도과정에서 보여주는 범상치 않은 고승들의 행적과 범문 · 범패의 번역, 포교(布敎)의 실체를 실제 인간들이 겪은 사실과 함께 기록한 기록문이다. 〈2쇄〉

22. 한문입문

박 동 호 편역
● 244 쪽/값 5,000 원

조선시대의 유치원 교육서라고 하는 천자문, 이천자문, 사자소학, 계몽편, 동몽선습이 수록됨. 또 현대사회에서 필요로 하는 예절, 곧 관례(冠禮) · 혼례(婚禮) · 상례(喪禮) · 제례(祭禮) 등과 가족의 호칭법 등이 나열되고 간단한 제상차리는 법, 가족간의 호칭 및 촌수 관계 등이 요약되었다. 〈3쇄〉

23. 열녀전

劉 向 저/박양숙 편역
● 416쪽/값 7,000 원

역사에 큰 발자취를 남긴 89명의 여인들을 다룬 여성의 전기이다. 제1권 모범적인 여인들 제2권 어질고 밝은 여인들 제3권 자애롭고 지혜로운 여인들 제4권 정순하고 신의있는 여인들 제5권 의로운 여인들 제6권 사리에 통달한 여인들 제7권 나라를 망친 여인들 등 총 7권으로 구성되었으며 옛여성들이 지킨 도덕관을 한 눈에 볼 수 있는 교양서.

24. 육도삼략

조 강 환 해역
● 290 쪽/값 7,000 원

병법학의 최고봉인 무경칠서(武經七書) 가운데 두 가지의 책으로 3군을 지휘하고 국가를 방위하는데 필요한 저서이다. 또 천시(天時) 지리(地利) 인화(人和)를 중시하여 천변만화의 무궁무진한 전술을 구사할 수 있는 갖가지 방법들이 구비되어 있다. 『육도삼략』은 『육도』와 『삼략』의 두 권인 저서를 하나로 합한 것이며 무과(武科)에 응시하려면 필수적으로 봐야했던 이론서이다. 〈3쇄〉

25. 주역참동계

최 형 주 해역
● 262 쪽/값 6,000원

『주역참동계(周易參同契)』란 주나라의 역(易)이 노자의 도(道)와 연단술(練丹術)과 서로 섞여 통하며 『주역』의 도는 음과 양을 벗어나지 못하고 연단도 음과 양을 벗어나지 못하며 노자의 대도는 음과 양이 합치하는 가운데서 이룩되는 결과라는 뜻으로 역을 계절에 맞춰 음양오행(陰陽五行)에 귀결시킨 납갑(納甲)을 말한다. 〈3쇄〉

26. 한서예문지

이 세 열 해역
● 322 쪽/값 7,000 원

반고(班固)가 찬한 『한서(漢書)』 제30권에 들어 있는 동양고전의 서지학(書誌學)의 대사전이다. 고전이 이곳 저곳으로 흘러 들어가면서 조금씩 다르듯이 한(漢)나라 이전의 모든 고전이 수십종류였으며 그 종류의 다른 것을 일목요연하게 볼 수 있는 서지학의 원조이다.

27. 대대례

朴 良 淑 해역
● 340 쪽/ 값 8,000원

『대대례』의 정식 명칭은 『대대예기』이며 한(漢)나라 대덕(戴德)이 편찬한 저서로 공자(孔子)와 그의 제자들이 예에 관한 기록의 131편을 수집하여 집대성한 것이다. 이것을 다시 대성(戴聖)이 46편으로 줄여 만들었는데 그것이 오늘에 전하는 『대대례』이다.

28. 열 자

柳 坪 秀 해역
● 300 쪽/값 7,000 원

『열자』의 학문은 황제(黃帝)와 노자(老子)에 근본을 삼았고 열자 자신을 호칭하여 도가(道家)의 중시조라고 했다. 장자보다 앞선 학자이며 당나라시대에는 『충허진경(沖虛眞經)』이라 일컫고 송(宋)나라시대에는 『지덕충허진경(至德沖虛眞經)』이라 일컬을 정도로 많은 독자가 있었다. 『열자』는 내용이 재미가 있고 어렵지 않은 것이 특징이다.

29. 법 언

崔 亨 柱 해역
● 306 쪽/값 7,000원

전한(前漢)시대 사마상여(司馬相如)의 영향을 받아 대문장가가된 양웅(楊雄)의 문집이다. 양웅은 오로지 저술에 의해 이름을 남기고자 힘썼으며 전한의 혼란기에 격동하는 시국의 거친 파도가 자신에게 미치는 것을 피하고자한 인물로 때로는 아부의 문장까지 쓰며 자신의 따분한 심사를 술로 달래가며 저술에 전념하였다.

30. 산해경

崔 亨 柱 해역
● 408 쪽/값 10,000 원

『산해경(山海經)』은 문학·사학·신화학·지리학·민속학·인류학·종교학·생물학·광물학·자원학 등 제반 분야를 총망라한 동양 최고의 기서(奇書)이며 박물지(博物志)로서 내용과 관련된 이상하고 기괴한 짐승과 괴이한 인간들의 모습을 담은 150컷트의 도록도 수록되어 있다.

31. 고사성어(세상이 보인다 돋보기 엿보기)

송 기 섭 지음
● 304 쪽/값 6,500 원

일상생활에서 많이 쓰이는 중심되는 125개의 고사성어가 생기게 된 유래를 밝히고 유사언어와 반대되는 말, 속어, 준말, 자해(字解) 등을 자세하게 실어 이해를 도왔다. 또 우리가 알고는 있으나 뜻을 자세하게 모르고 있는 1,000여개 고사성어의 풀이를 해놓았다.

32. 명심보감

송 기 섭 외3인
● 273 쪽/값 6,000원

인간으로서 갖춰야 할 기본 소양에 대한 것을 자세하게 알 수 있게 하는 명심보감과 학문을 이루기 위해 어떻게 공부해 나가야 하는 가에 대한 중요한 지침을 가르쳐 주는 격몽요결, 그리고 학교는 어떻게 운영되어야 하고 학생들은 어떠한 태도로 학교에서 행동해야 하는지에 대한 모범안을 보여주는 율곡 이이(李珥) 선생의 학교모범으로 이루어졌다.

33. 이향견문록

이 상 진 해역
● 상 · 350 쪽/값 8,000원
● 하 · 350 쪽/값 8,000원

일반적으로 많이 알려지지 않은 숨은 이야기 모음이다. 효자, 효녀, 효부, 열녀, 충신 등 모든 사람이 알고 있을 만큼 유명하지는 않지만 알음알음 소문으로 알려져 있는 많은 이야기들이 출전과 함께 실려있다. 그중에는 평범한 이야기도 있고, 기이한 이야기도 있고, 유명한 사람의 이야기를 능가하는 이야기도 있다.

34. 성학십도와 동국십팔선정

이 상 진 外 2인
● 242 쪽/값 6,000원

성학십도는 어린 선조(宣祖)가 성군(聖君)이 되기를 바라는 마음에서 퇴계 이황이 마지막 충절을 다해 집필한 것이다.
동국십팔선정은 우리나라 사람으로서 성균관의 문묘(文廟)에 배향(配享)된 대유학자 18명의 발자취를 나열한 것이다.

35. 시자

신 용 철 해역
● 232 쪽/값 6,000원

진(秦)나라 재상 상앙의 스승이었다는 시교의 저서로 인의(仁義)를 바탕에 깔고 유가(儒家)의 덕치(德治)를 바탕으로 '정명(正名)과 명분(名分)'을 내세워 형벌을 주창하였다. 또한 노장사상(老莊思想)의 무위론(無爲論)과 명가(名家)의 이론들이 섞여 있다.

36. 유몽영

張 潮 지음
박 양 숙 해역
● 234 쪽/값 6,000원

장조(張潮)가 쓴 중국 청대(淸代)의 수필 소품문학의 백미(白眉)로, 도학자(道學者)다운 자세와 차원높은 은유, 선(禪)적인 관조의 태도로 사물을 직시하여 인간의 진솔한 삶의 방법과 존재가치를 탐구해, 때로는 시어로 때로는 격언이나 잠언 등으로 표현하여 짤막하지만 그 속에 담겨 있는 사상이나 감정은 무한한 의미를 담고 있다.

37. 이아

근 간

아주 오래전의 한문 대사전이다. 한문 글자 하나하나의 유래와 뜻과 음을 보여주고 그 글자가 어느 구절에 어떻게 어떠한 뜻으로 쓰였는지에 대해 자세하게 예를 들어가며 적고 있다. 우리가 많이 쓰고 있는 한문 글자 중에서 그 글자가 그렇게 쓰일 것이라고 전혀 예상하지 못하던 글자의 뜻과 음, 그 글자가 쓰이는 구절을 새롭게 알게 된다.

38. 수신기

干 寶 지음/전병구 번역
● 462 쪽/값 10,000원

『수신기』는 동진(東晉)의 간보(干寶)가 지은 것으로 '신괴(神怪)한 것을 찾다'와 같이 '귀신을 수색한다'의 뜻이다. 그 내용은 신선(神仙), 도사(道士), 이인(異人), 술객(術客), 기인(奇人), 괴물(怪物), 귀신(鬼神), 우정(友情), 효성(孝誠), 애정(愛情), 지성감천(至誠感天) 등등의 이야기로 이루어져 있다.

101. 한자원리해법

金 徹 泳 지음
● 232 쪽/값 6,000원

한자가 이루어진 원리를 부수를 기본으로 나열하여 쉽게 풀어 놓았다. 한자의 기본인 부수가 생겨나게 된 원리를 보여주어 한자에 쉽게 다가갈 수 있게 하였다.

<table>
<tr><td>인지
생략</td></tr>
</table>

한자원리해법(漢字原理解法)

초판 1쇄 발행　1998년 1월 30일
초판 3쇄 발행　2011년 3월　1일

엮은이 : 김철영
펴낸이 : 이준영

회장 · 유태전
사장 · 백상태 / 주간 · 김재성 / 편집 · 김윤덕 / 교정 · 김진호
조판 · 태광문화 / 인쇄 · 천광인쇄 / 제본 · 기성제책 / 유통 · 문화유통북스
펴낸곳 : 자유문고
서울 영등포구 문래동6가 56-1 미주프라자 B-102호
전화 · 2637 - 8988 · 2676 - 9759 / FAX · 2676 - 9759
홈페이지 : http://www.jayumungo.co.kr
e-mail : jayumg@hanmail.net
등록 · 제2 - 93호(1979. 12. 31.)

정가　8,000원

※ 잘못 만들어진 책은 구입하신 서점에서 바꿔드립니다.

ISBN 978 - 89 - 7030 - 101 - 3　03700